Harry Potter

À la découverte de l'HISTOIRE de la MAGIE

GALLIMARD JEUNESSE

Titre original : *Harry Potter: A Journey Through a History of Magic*

Édition originale publiée en Grande-Bretagne en 2017 par Bloomsbury Publishing Plc
50 Bedford Square, London WC1B 3DP

Ce livre a été réalisé à l'occasion de l'exposition *Harry Potter: A History of Magic*,
présentée à la British Library de Londres du 6 novembre 2017 au 28 février 2018

POUR L'ÉDITION FRANÇAISE
Réalisation de l'édition française : Agence Juliette Blanchot, Paris
Traduction : Marie Renier
Correction : Annabelle d'Ettore, Sylvie Gauthier
Adaptation de couverture : Cédric Ramadier

ISBN : 978-2-07-510256-8
Gallimard Jeunesse, 2018
Dépôt légal : mai 2018
N° d'édition : 331731
Loi n° 49-956 du 16 juillet 1949 sur les publications destinées à la jeunesse

Imprimé en Chine

FSC
www.fsc.org
MIX
Paper from
responsible sources
FSC® C008047

Sommaire

Le monde magique de Harry Potter

Harry Potter à l'école des sorciers a paru en 1997 en Angleterre et en 1998 en France. Depuis, les aventures du jeune sorcier ont battu tous les records : les livres, traduits dans quatre-vingts langues, se sont vendus à plus de 450 millions d'exemplaires dans le monde !

Pour célébrer les vingt ans de Harry Potter, la British Library de Londres a organisé l'exposition *Harry Potter: A History of Magic*, qui permet de découvrir de fascinants objets magiques rarement présentés au public.

L'exposition, articulée autour des principales matières enseignées à Poudlard, lève le voile sur les mythes et les folklores qui ont forgé la saga *Harry Potter*. Les pages suivantes recensent quelques-uns des objets, parchemins et autres incunables que les conservateurs de la British Library ont soigneusement sélectionnés dans les archives de la bibliothèque ou auprès d'institutions et collectionneurs privés du monde entier.

Partez à la découverte de ces trésors magiques, et plus encore...

- *Des activités magiques pour la maison.*
- *La pierre tombale de l'homme qui serait à l'origine de la véritable pierre philosophale.*
- *Les superbes dessins de Jim Kay réalisés pour les éditions illustrées de Harry Potter, dont ses croquis, études et portraits en couleurs des professeurs de Poudlard, des créatures magiques, et bien d'autres...*
- *La note de lecture qui a permis la publication du livre de J.K. Rowling.*
- *Des documents inédits issus de la collection personnelle de J.K. Rowling, dont des illustrations et des brouillons de texte de sa main.*

Tout un monde magique s'ouvre à vous !

L'ÉPOPÉE

Harry éprouvait un sentiment d'excitation : il ne savait pas ce qui l'attendait, mais c'était certainement mieux que ce qu'il laissait derrière lui.

HARRY POTTER À L'ÉCOLE DES SORCIERS

J. K. ROWLING A L'IDÉE de la saga *Harry Potter* en 1990, alors qu'elle attend un train en retard entre Manchester et Londres. Au cours des cinq années qui suivent, elle planifie les sept tomes de la série et cherche un éditeur qu'elle trouve en 1995 : Bloomsbury. L'épopée de Harry Potter ne fait que commencer...

UNE LECTURE DÉCISIVE POUR L'ÉCOLE DES SORCIERS

Avant que Bloomsbury n'accepte de le publier, le manuscrit de *Harry Potter à l'école des sorciers* a été proposé à huit maisons d'édition... qui l'ont toutes refusé. Les éditeurs de Bloomsbury présentent le texte de J. K. Rowling à leurs collègues sous la forme d'un rouleau rempli de Smarties, en clin d'œil au principal prix de littérature jeunesse de l'époque (le prix Smarties). Nigel Newton, le fondateur et directeur de Bloomsbury, rentre chez lui avec le parchemin et le donne à Alice, sa fille de huit ans.

Alice lit les premiers chapitres, jusqu'au *Chemin de Traverse*, puis donne son verdict dans une charmante petite note de lecture. Elle harcèle ensuite son père pendant des jours pour qu'il lui apporte le reste du manuscrit ! L'intervention de la fillette joue un rôle essentiel : au cours de la réunion éditoriale suivante, présidée par Nigel Newton, celui-ci accepte la proposition de l'éditeur Barry Cunningham de publier *Harry Potter à l'école des sorciers*, aboutissant à ce que tout le monde s'accorde à considérer comme le plus gros succès de l'histoire de la littérature jeunesse.

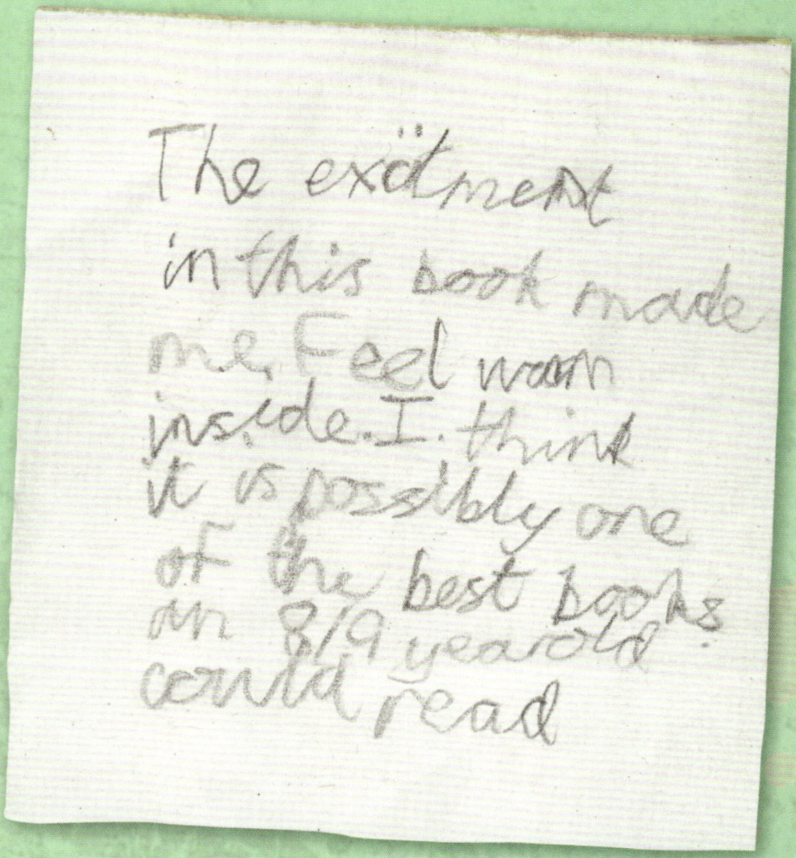

Note de lecture d'Alice Newton, huit ans, sur Harry Potter a l'ecole des sorciers

NIGEL NEWTON

Le Synopsis de l'Auteur

Voici le synopsis original de *Harry Potter à l'école des sorciers* que J. K. Rowling a envoyé à Bloomsbury, accompagné des premiers chapitres du livre. L'auteur y décrit si bien les cours enseignés à Poudlard que l'apprentissage de la magie devient terriblement passionnant ! En expliquant en quoi le monde de Harry Potter est si fascinant, J. K. Rowling a su éveiller l'intérêt des éditeurs de Bloomsbury.

Synopsis de J. K. Rowling pour Harry Potter à l'école des sorciers *(1995)*

J. K. ROWLING

Synopsis

Harry Potter lives with his aunt, uncle and cousin because his parents died in a car-crash - or so he has always been told. The Dursleys don't like Harry asking questions; in fact, they don't seem to like anything about him, especially the very odd things that keep happening around him (which Harry himself can't explain).

The Dursleys' greatest fear is that Harry will discover the truth about himself, so when letters start arriving for him near his eleventh birthday, he isn't allowed to read them. However, the Dursleys aren't dealing with an ordinary postman, and at midnight on Harry's birthday the gigantic Rubeus Hagrid breaks down the door to make sure Harry gets to read his post at last. Ignoring the horrified Dursleys, Hagrid informs Harry that he is a wizard, and the letter he gives Harry explains that he is expected at Hogwarts School of Witchcraft and Wizardry in a month's time.

To the Dursleys' fury, Hagrid also reveals the truth about Harry's past. Harry did not receive the scar on his forehead in a car-crash; it is really the mark of the great dark sorcerer Voldemort, who killed Harry's mother and father but mysteriously couldn't kill him, even though he was a baby at the time. Harry is famous among the witches and wizards who live in secret all over the country because Harry's miraculous survival marked Voldemort's downfall.

So Harry, who has never had friends or family worth the name, sets off for a new life in the wizarding world. He takes a trip to London with Hagrid to buy his Hogwarts equipment (robes, wand, cauldron, beginners' draft and potion kit) and shortly afterwards, sets off for Hogwarts from Kings Cross Station (platform nine and three quarters) to follow in his parents' footsteps.

Harry makes friends with Ronald Weasley (sixth in his family to go to Hogwarts and tired of having to use second-hand spellbooks) and Hermione Granger (cleverest girl in the year and the only person in the class to know all the uses of dragon's blood). Together, they have their first lessons in magic - astonomy up on the tallest tower at two in the morning, herbology out in the greenhouses where the mandrakes and wolfsbane are kept, potions down in the dungeons with the loathsome Severus Snape. Harry, Ron and Hermione discover the school's secret passageways, learn how to deal with Peeves the poltergeist and how to tackle an angry mountain troll: best of all, Harry becomes a star player at Quidditch (wizard football played on broomsticks).

What interests Harry and his friends most, though, is why the corridor on the third floor is so heavily guarded. Following up a clue dropped by Hagrid (who, when he is not delivering letters, is Hogwarts' gamekeeper), they discover that the only Philosopher's Stone in existance is being kept at Hogwarts, a stone with powers to give limitless wealth and eternal life. Harry, Ron and Hermione seem to be the only people who have realised that Snape the potions master is planning to steal the stone - and what terrible things it could do in the wrong hands. For the Philospher's Stone is all that is needed to bring Voldemort back to full strength and power... it seems Harry has come to Hogwarts to meet his parents' killer face to face - with no idea how he survived last time...

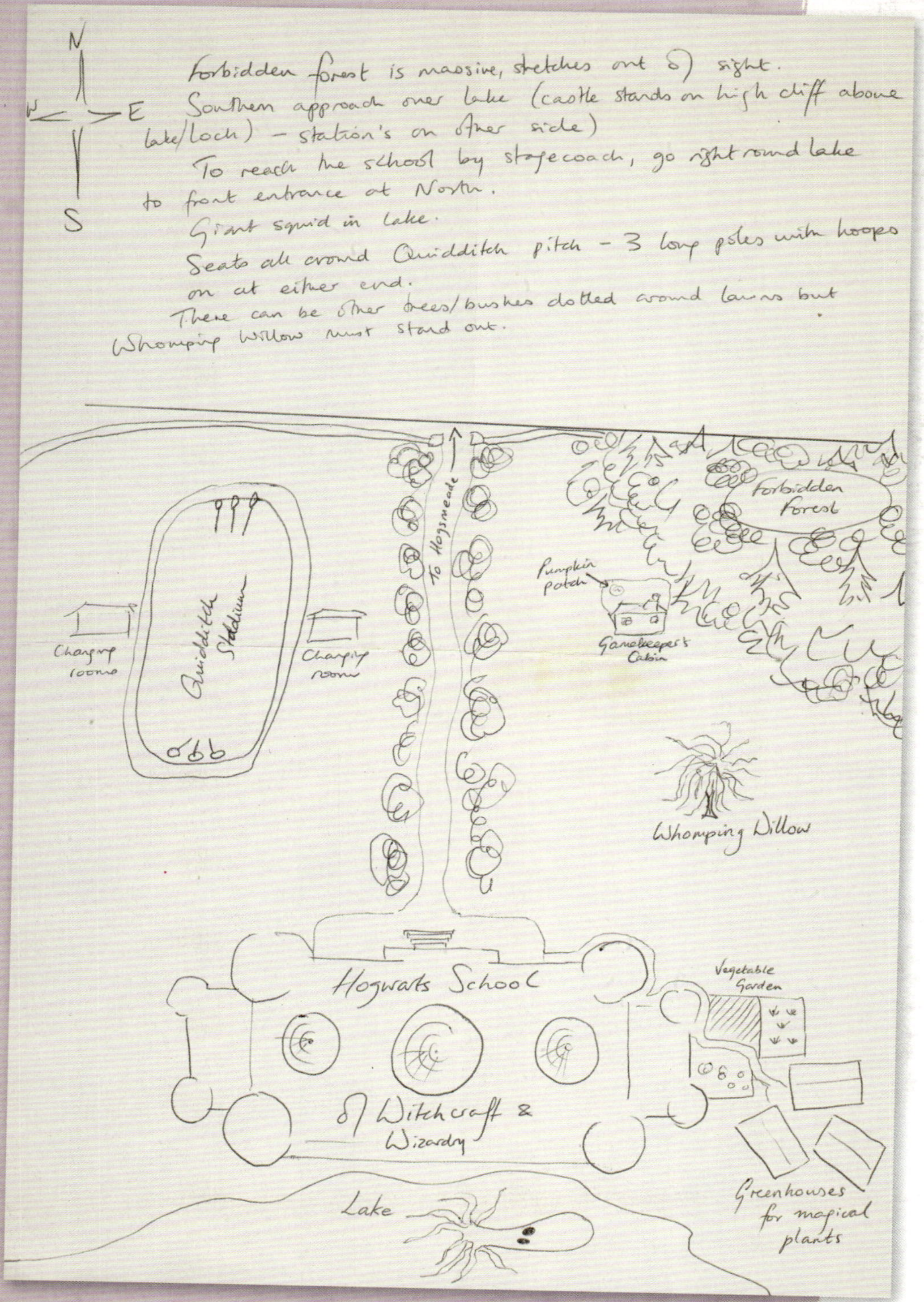

Plan de Poudlard, par J.K. Rowling

BLOOMSBURY

Plan de Poudlard

Ce croquis annoté, réalisé par J.K. Rowling, montre le plan du collège Poudlard – avec, tout en bas, le calmar géant qui vit au fond du lac. Dans la note jointe qu'elle adresse à son éditeur, l'auteur écrit : « Voici la disposition des lieux, telle que je l'ai toujours imaginée. » L'emplacement des arbres et des divers bâtiments fait partie intégrante des intrigues : tout au long de la série, les événements et les lieux sont intimement liés. J.K. Rowling précise que « le Saule cogneur doit se démarquer » – il jouera un rôle de premier plan dans *Harry Potter et la Chambre des Secrets* et *Harry Potter et le prisonnier d'Azkaban*.

Les professeurs de Poudlard

Le cœur et l'âme de l'école de sorcellerie de Poudlard sont ses professeurs. Albus (« blanc » en latin) Perceval Wulfric Brian Dumbledore et le professeur Minerva McGonagall ont un rôle primordial dans la scolarité de Harry. Dans les portraits qui suivent, réalisés par Jim Kay, Dumbledore regarde au loin, tenant dans ses mains un sac de ce qui ressemble à des bonbons au citron ; le professeur McGonagall est habillée d'une robe vert foncé, a les cheveux coiffés en chignon et porte les lunettes sur le bout du nez.

Portrait du professeur Albus Dumbledore, par Jim Kay

BLOOMSBURY

PROF. ALBUS DUMBLEDORE

PROF. MINERVA
McGONAGALL

Harry Potter et les Dursley

Mr et Mrs Dursley, qui habitaient au 4, Privet Drive, avaient toujours affirmé avec la plus grande fierté qu'ils étaient parfaitement normaux, merci pour eux.

Harry Potter à l'école des sorciers

La première fois que le lecteur entend parler de Harry, c'est devant la maison de son oncle, au 4, Privet Drive, au cours d'une conversation où Hagrid, Dumbledore et McGonagall évoquent son avenir. Un dessin de J. K. Rowling (ci-contre, à droite), réalisé plusieurs années avant la publication de *Harry Potter à l'école des sorciers*, montre comment l'auteur imaginait cette improbable famille.

« Très vite, j'ai fait des dessins pour le plaisir de voir ce que j'étais en train d'imaginer… j'avais besoin de visualiser ces personnages qui occupaient mon esprit en permanence. »

J. K. Rowling, 2017

Harry, malgré sa dure vie chez les Dursley, est le seul à esquisser un sourire. Dudley Dursley se tient derrière lui, les bras croisés. La tante Pétunia et l'oncle Vernon sont derrière, Pétunia agrippant de la main l'épaule de son fils.

Portrait du professeur McGonagall, par Jim Kay

BLOOMSBURY

Dessin de Harry Potter et des Dursley, par J.K. Rowling (1991)

J.K. ROWLING

Le Poudlard Express

[...] il vit une locomotive rouge vif le long du quai où se pressait une foule compacte. Au-dessus de sa tête, une pancarte signalait : « Poudlard Express, 11 heures ».

Harry Potter à l'école des sorciers

Ce dessin de Jim Kay a été choisi pour la couverture de l'édition illustrée de *Harry Potter à l'école des sorciers*. L'artiste utilise plusieurs techniques pour créer ses œuvres. Il commence, par exemple, par une esquisse rapide au fusain ou par un dessin minutieux au crayon. Il ajoute ensuite des couleurs, à la peinture à l'huile ou à l'aquarelle, parfois sur ordinateur.

L'illustration représente la voie 9 3/4 de la gare de King's Cross, où se presse une foule d'élèves sur le point d'embarquer à bord de l'emblématique Poudlard Express. Entre deux volutes de fumée, Harry apparaît avec son chariot à bagages – et Hedwige.

Le phare du Poudlard Express projette un halo puissant, tandis que la cheminée, une tête d'animal, crache des flammes. Un petit cochon ailé est assis à l'avant du train.

La voie 9 3/4, par Jim Kay

BLOOMSBURY

Potions et Alchimie

Les anciennes recherches alchimiques avaient pour objet de fabriquer la Pierre philosophale, une substance légendaire dotée de pouvoirs étonnants. Cette pierre a en effet la propriété de transformer n'importe quel métal en or pur. Elle produit également l'élixir de Longue Vie qui rend immortel celui qui le boit. Harry Potter à l'école des sorciers

Les élèves du cours d'alchimie aspirent souvent à trois choses : trouver la Pierre philosophale, découvrir le secret de la jeunesse éternelle et dénicher la formule mystérieuse qui permet de changer un métal en or ou en argent. Mais pour connaître véritablement la science de l'alchimie, il faut d'abord maîtriser l'art rigoureux de la préparation des potions…

Portrait du professeur Rogue, par Jim Kay
BLOOMSBURY

Les hommes fabriquent des potions depuis des milliers d'années. Le mot « potion » vient du latin « *potio* », qui signifie « boisson ». Les potions servent à une multitude de choses, mais elles sont surtout utilisées comme médicament, poison ou drogue. Et le fait qu'elles ne marchent pas toujours n'a jamais empêché personne de tenter de les concocter ! Potions pour guérir un os brisé, pour faire avouer la vérité, pour rendre profondément amoureux – on a cherché à inventer des breuvages magiques pour à peu près tout et n'importe quoi.

Severus Rogue

Professeur de : Potions

(puis de Défense contre les forces du Mal)

Physionomie : Le professeur Rogue a des cheveux longs noirs et gras, un nez crochu et un teint cireux. Ses yeux noirs sont réputés être vides d'expression et froids.

Le saviez-vous ? Quand ils étaient élèves à Poudlard, les maraudeurs Lunard, Queudver, Patmol et Cornedrue avaient trouvé un surnom à Rogue : Servilus.

Un professeur énigmatique

Le professeur Rogue est « honni par tout le monde » quand Harry débute sa scolarité à Poudlard, mais les apparences sont souvent trompeuses… À mesure qu'est révélée la véritable histoire de Rogue, le personnage apparaît sous un jour nouveau qui pousse le lecteur à reconsidérer ses agissements premiers.

Cruel, sarcastique et honni par tout le monde, sauf par les élèves de sa propre maison (les Serpentard), Rogue était le professeur de potions magiques.
Harry Potter et la Chambre des Secrets

PROF.
SEVERUS
SNAPE

Le cours de potions

Le cours de potions fait partie des matières obligatoires pour tous les élèves de Poudlard.

« Un cours commun de potions magiques avec les Serpentard, dit Ron. C'est Rogue qui est leur directeur. On dit qu'il essaye toujours de les avantager, on verra bien si c'est vrai. »

Harry Potter à l'école des sorciers

Ortus Sanitatis (*Le Jardin de la santé*) de Johannes de Cuba est le premier ouvrage encyclopédique à avoir été d'abord imprimé dans une autre langue que le latin (en allemand, en 1485). Il traite des plantes, des animaux, des oiseaux, des poissons et des minéraux. Sur la planche ci-contre, un professeur de potions manie un bâton de la main droite tandis que son assistant maintient ouvert un livre de recettes. Tous les élèves n'ont pas l'air très attentifs !

Ortus Sanitatis *(Jardin de la santé), imprimé sur les presses de Jacob Meydenbach (Mayence, 1491)*

BRITISH LIBRARY

Le saviez-vous ?

Cette gravure sur bois a été mise en couleurs à la main. Ce procédé d'impression consiste à graver une image sur la surface d'un bloc de bois puis à la recouvrir d'encre. Le bloc est ensuite pressé contre une feuille de papier pour y transférer l'image.

ACTIVITÉ

PRÉPARER DES POTIONS

Maîtriser l'art des potions demande des années d'apprentissage et de pratique. Certaines recettes peuvent néanmoins être réalisées sans avoir assisté au moindre cours !

Pour concocter une tourbillonnante potion pailletée, versez quelques gouttes de colorant alimentaire dans un verre de limonade. Ajoutez des paillettes dorées comestibles (pour décoration de gâteaux) et mélangez bien. Laissez reposer jusqu'à obtenir une potion claire et colorée. En la mélangeant de nouveau, les paillettes créeront un tourbillon : votre potion aura l'air d'être magique !

Pour créer une potion qui change de couleur, émincez un peu de chou rouge dans un bol. Le recouvrir d'eau chaude et laissez reposer 15 minutes. Versez le tout dans une passoire préalablement posée sur un autre bol pour récupérer le liquide : vous obtiendrez une potion violette. Ajoutez du jus de citron ou du vinaigre pour la rendre rouge, ou du bicarbonate de soude pour la rendre verte ou bleue. Mettez une cuillerée de potion dans un verre et versez de la limonade par-dessus : elle deviendra rouge ! Vous pouvez la boire, vous ne sentirez même pas le goût du chou.

« Je pourrais vous apprendre à mettre la gloire en bouteille, à distiller la grandeur, et même à enfermer la mort dans un flacon si vous étiez autre chose qu'une de ces bandes de cornichons à qui je dispense habituellement mes cours. »

Professeur Rogue – Harry Potter à l'école des sorciers

Les bézoards

« Un bézoard est une pierre qu'on trouve dans l'estomac des chèvres et qui constitue un antidote à la plupart des poisons. »

Professeur Rogue – Harry Potter à l'école des sorciers

Les bézoards existent : ces « pierres », présentes dans l'estomac de certains animaux, sont en réalité des amas de fibres non digérées. Leur taille varie mais ils sont généralement gros comme un œuf de poule. Leur nom signifie « antidote » en persan. Ils ont été introduits en Europe au Moyen Âge par les médecins arabes. On en trouve dans les entrailles des vaches et même des éléphants, mais ils proviennent le plus souvent des chèvres.

Bézoard enchâssé dans un filigrane d'or

SCIENCE MUSEUM

On a longtemps cru que les bézoards étaient un remède aux empoisonnements. Même si tout le monde ne croyait pas à leurs propriétés magiques, ils sont restés en vogue jusqu'au XVIIIe siècle. De riches collectionneurs (papes, rois et nobles) dépensaient des sommes folles pour obtenir les plus beaux spécimens. D'après *Histoire générale des drogues*, la puissance d'un bézoard dépend de l'animal dont il provient.

Dans *Harry Potter et le Prince de Sang-Mêlé*, pendant le cours de potions du professeur Slughorn, Harry découvre un commentaire griffonné dans son *Manuel avancé de préparation des potions* :

« Enfoncez-lui simplement un bézoard dans la gorge. »

HARRY POTTER ET LE PRINCE DE SANG-MÊLÉ

C'est exactement ce que Harry fera pour sauver Ron quand celui-ci boira de l'hydromel empoisonné. Mais attention, même si cela a fonctionné sur Ron, ne vous avisez surtout pas de l'expérimenter !

ZOOM

INGRÉDIENTS ANIMAUX

Autrefois, on utilisait dans les potions des morceaux d'animaux : on pensait pouvoir ainsi s'imprégner de leurs caractéristiques. Pour une potion d'Invisibilité, on utilisait par exemple un chat noir. Comme les chats noirs se fondent dans la nuit, on croyait qu'en avalant cette potion, on deviendrait également impossible à repérer.

Pierre Pomet, A Compleat History of Druggs (Histoire générale des drogues), 2e *édition* (*Londres, 1725*)

BRITISH LIBRARY

L'enseigne d'apothicaire

« Tuer une licorne est une chose monstrueuse, dit Firenze. Pour commettre un tel crime il faut n'avoir rien à perdre et tout à gagner. Le sang de licorne permet de survivre, même si on est sur le point de mourir, mais à un prix terrible. »

Firenze – Harry Potter à l'école des sorciers

On a longtemps pensé que le sang, les poils et les cornes de licorne possédaient de puissantes propriétés médicinales ; certains dépensaient des fortunes pour acquérir ces « produits » exceptionnels et très recherchés. La tête de licorne ci-contre était l'enseigne d'un apothicaire du XVIIIe siècle. À l'époque, les échoppes étaient identifiées par des images et des emblèmes car une grande partie de la population ne savait ni lire ni écrire.

Sculptée dans du chêne, cette enseigne signale aux passants qu'ils trouveront chez cet apothicaire des remèdes rares et exotiques. La corne, en ivoire véritable, est une défense de narval. Le narval, aussi appelé « licorne de mer », était chassé pour sa précieuse défense, laquelle était vendue en tant que corne de licorne en raison de son aspect et de sa texture en tous points similaire à celle de la créature légendaire.

Zoom

Qu'est-ce qu'un apothicaire ?

Le terme désignait autrefois celui qui préparait et vendait des remèdes médicaux. L'étude des plantes et des ingrédients chimiques a ouvert la voie aux sciences modernes. Aujourd'hui, on ne parle plus d'apothicaires mais de pharmaciens.

Le saviez-vous ?

Jusqu'à il y a peu, on ignorait pourquoi le narval avait une défense. Une étude a montré qu'il s'agit d'un organe sensoriel, qui permet à ce cétacé de détecter les variations de qualité de l'eau et de localiser la nourriture et ses congénères.

Enseigne d'apothicaire en forme de tête de licorne (XVIIIe siècle)

SCIENCE MUSEUM

Flacons de potions

Dans ce dessin réalisé pour l'édition illustrée de *Harry Potter à l'école des sorciers*, Jim Kay a personnifié quelques flacons de potions ; par la magie de superbes détails, ils semblent vivants ! Quels breuvages enchantés contiennent-ils ? Du Poussos, pour faire repousser les os ? Du Felix Felicis, qui porte chance à celui qui le boit ? À moins que ce ne soit du Polynectar, cette potion qui permet de prendre l'apparence de quelqu'un d'autre...

Les murs sombres étaient recouverts d'étagères remplies de gros bocaux en verre dans lesquels flottaient toutes sortes de choses répugnantes dont Harry ne voulait même pas connaître le nom. HARRY POTTER ET LA CHAMBRE DES SECRETS

Flacons de potions,
par Jim Kay
BLOOMSBURY

Le Chaudron de Battersea

Le soleil brillait sur un étalage de chaudrons, devant un magasin. Une pancarte annonçait : « Chaudrons – toutes tailles – cuivre, étain, argent – touillage automatique – modèles pliables. »

Harry Potter à l'école des sorciers

Neville Londubat s'était débrouillé pour faire fondre le chaudron de Seamus et leur potion se répandait sur le carrelage en rongeant les chaussures des élèves.

Harry Potter à l'école des sorciers

Les chaudrons font partie des objets les plus couramment associés à la sorcellerie. On peut penser qu'il en existait de toutes formes et de toutes tailles et qu'ils étaient destinés à plusieurs emplois – la préparation de potions, par exemple.

Le chaudron ci-dessous a presque trois mille ans. Il se compose de sept plaques de bronze soudées entre elles avec deux poignées fixées sur le rebord. Il fut trouvé dans la Tamise, plus de deux mille ans après qu'il a été fabriqué.

A-t-il appartenu à une sorcière ? Nul ne peut le dire, mais il est de si belle qualité que son propriétaire était sans doute très riche !

Chaudron de Battersea (env. 800-600 ans av. J.-C.)

British Museum

Ulricus. Dico q̄ nō possunt. nisi quādo ⁊ q̄bus ac inq̄ntum Sigis
a deo ex causa maiestatē suā mouente eisdem ɔceditur
mundus. Super quo fundas hanc ɔclusionē Ulricus. Tu
per prius deductis. Insup Johānes damascenus libro scđo ait
Non habent demones virtutes aduersus aliquē nisi a deo dis
pensante ɔcedatur. sicut in Job patuit. ⁊ etiā in porcis quos di
uina ꝑmissione submerserunt in mari. vt ptz in euangelio Etiaʒ
habent potestatem transformādi seu transfigurādi se in quācūq̄
volunt figurā ſm ymaginē. i. ſm fantasiam. Item Gregorius
in dyalogo libro tercio ait. Absq̄ omnipotentis dei concessio
C i

Ulrich Molitor, De laniis et phitonicis mulieribus... tractatus pulcherrimus (Des sorcières et des devineresses) *(Reutlingen, 1489)*

BRITISH LIBRARY

Sorcières et chaudrons

L'image de la sorcière devant un chaudron fumant existe depuis des siècles, mais n'apparaît sous forme imprimée qu'en 1489. *Des sorcières et des devineresses,* d'Ulrich Molitor, contient la toute première illustration de sorcières autour d'un chaudron : deux vieilles femmes jettent un serpent et un jeune coq dans une grande marmite en flammes afin de déclencher une averse de grêle. Le livre a été reproduit – et diffusé – à tant d'exemplaires qu'il a façonné, dans l'esprit du public, la manière dont les sorcières sont supposées procéder.

Dans certains récits, les chaudrons ne font pas que contenir des potions magiques, ils sont, eux aussi, magiques !

Dans *Les Contes de Beedle le Barde*, de J. K. Rowling, « Le Sorcier et la marmite sauteuse » raconte l'histoire d'un sorcier égoïste qui refuse d'utiliser la magie pour aider des Moldus malades. Mais son chaudron (la marmite) est magique : un pied lui pousse sur lequel il se met à sautiller, dans un fracas assourdissant ! Le sorcier, excédé, finit par accepter d'aider les Moldus ; aussitôt, le redoutable chaudron se calme.

Dans chaque maison où s'étaient répandus maladie et chagrin, le sorcier fit de son mieux et peu à peu, la marmite, à côté de lui, cessa de gémir et d'avoir des haut-le-cœur. Elle devint silencieuse, propre et brillante.

Les Contes de Beedle le Barde

Manuscrit corrigé de *Harry Potter et le Prince de Sang-Mêle*

Quand Harry est en sixième année, le professeur Slughorn arrive à Poudlard pour assurer les cours de potions. Ces deux pages montrent les annotations de J. K. Rowling et de son éditeur sur une première version de *Harry Potter et le Prince de Sang-Mêlé*.

La première page raconte le premier cours de Slughorn, quand celui-ci présente à ses élèves plusieurs potions qu'Hermione, bien sûr, est capable d'identifier. L'astérisque indique l'endroit où doit être inséré le texte en pied de page, dans lequel la jeune fille parle de ses odeurs préférées.

La main bien entraînée d'Hermione se dressa avant que quiconque d'autre ait eu le temps de réagir. Slughorn lui fit signe de parler. << C'est du Veritaserum, une potion incolore et sans odeur qui oblige celui qui la boit à dire la vérité >>, répondit-elle.

Harry Potter et le Prince de Sang-Mêlé

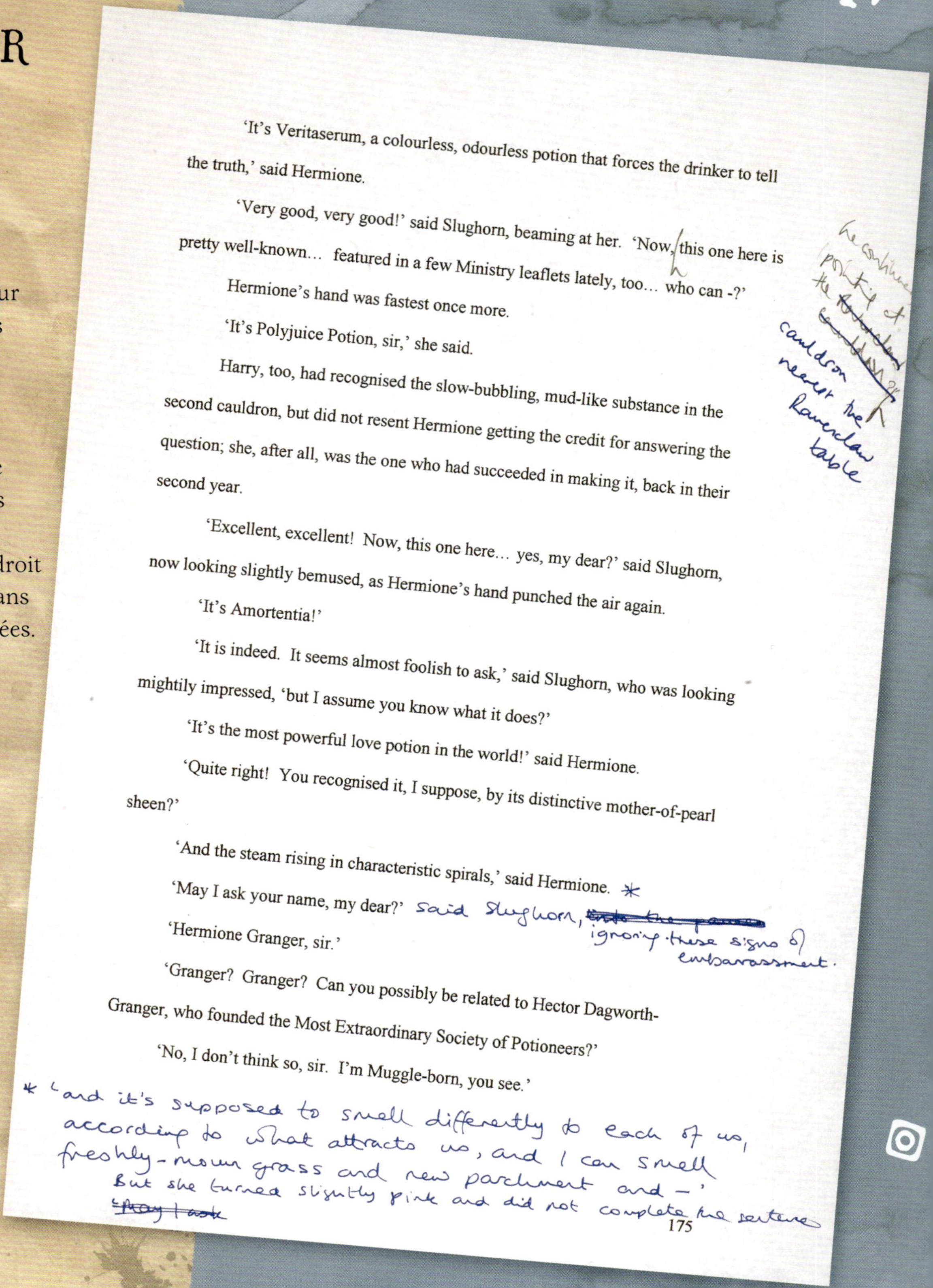

'It's Veritaserum, a colourless, odourless potion that forces the drinker to tell the truth,' said Hermione.

'Very good, very good!' said Slughorn, beaming at her. 'Now, this one here is pretty well-known… featured in a few Ministry leaflets lately, too… who can -?'

Hermione's hand was fastest once more.

'It's Polyjuice Potion, sir,' she said.

Harry, too, had recognised the slow-bubbling, mud-like substance in the second cauldron, but did not resent Hermione getting the credit for answering the question; she, after all, was the one who had succeeded in making it, back in their second year.

'Excellent, excellent! Now, this one here… yes, my dear?' said Slughorn, now looking slightly bemused, as Hermione's hand punched the air again.

'It's Amortentia!'

'It is indeed. It seems almost foolish to ask,' said Slughorn, who was looking mightily impressed, 'but I assume you know what it does?'

'It's the most powerful love potion in the world!' said Hermione.

'Quite right! You recognised it, I suppose, by its distinctive mother-of-pearl sheen?'

'And the steam rising in characteristic spirals,' said Hermione. *

'May I ask your name, my dear?' said Slughorn, ignoring these signs of embarrassment.

'Hermione Granger, sir.'

'Granger? Granger? Can you possibly be related to Hector Dagworth-Granger, who founded the Most Extraordinary Society of Potioneers?'

'No, I don't think so, sir. I'm Muggle-born, you see.'

* 'and it's supposed to smell differently to each of us, according to what attracts us, and I can smell freshly-mown grass and new parchment and –'

But she turned slightly pink and did not complete the sentence.

~~'May I ask~~

he continued pointing at the [illegible] cauldron nearest the Ravenclaw table

175

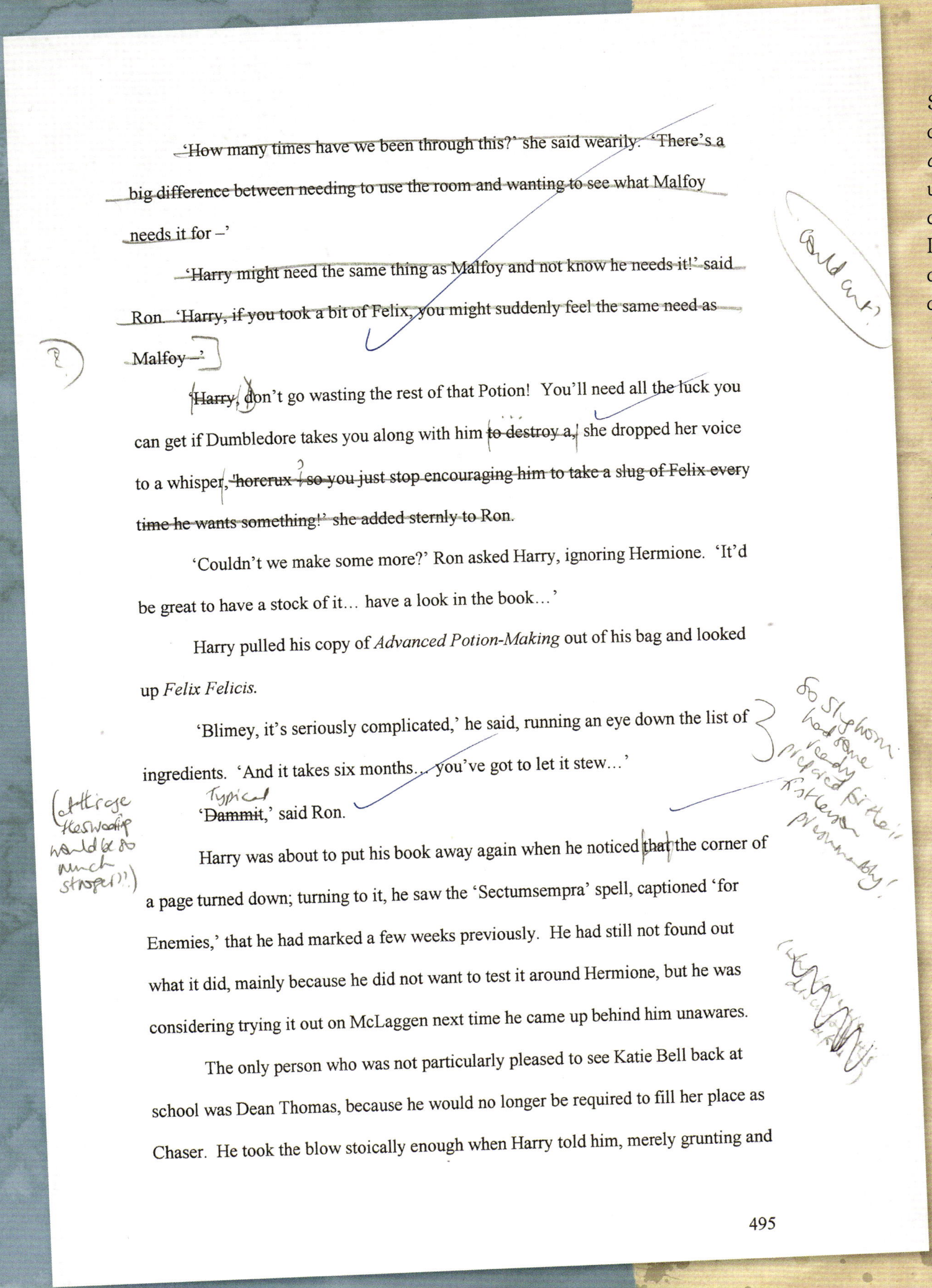

~~'How many times have we been through this?' she said wearily. 'There's a big difference between needing to use the room and wanting to see what Malfoy needs it for –'~~

~~'Harry might need the same thing as Malfoy and not know he needs it!' said Ron. 'Harry, if you took a bit of Felix, you might suddenly feel the same need as Malfoy –'~~

'~~Harry~~, don't go wasting the rest of that Potion! You'll need all the luck you can get if Dumbledore takes you along with him ~~to destroy a,~~' she dropped her voice to a whisper, '~~horcrux – so you just stop encouraging him to take a slug of Felix every time he wants something!' she added sternly to Ron.~~

'Couldn't we make some more?' Ron asked Harry, ignoring Hermione. 'It'd be great to have a stock of it… have a look in the book…'

Harry pulled his copy of *Advanced Potion-Making* out of his bag and looked up *Felix Felicis.*

'Blimey, it's seriously complicated,' he said, running an eye down the list of ingredients. 'And it takes six months… you've got to let it stew…'

'~~Dammit~~ Typical,' said Ron.

Harry was about to put his book away again when he noticed ~~that~~ the corner of a page turned down; turning to it, he saw the 'Sectumsempra' spell, captioned 'for Enemies,' that he had marked a few weeks previously. He had still not found out what it did, mainly because he did not want to test it around Hermione, but he was considering trying it out on McLaggen next time he came up behind him unawares.

The only person who was not particularly pleased to see Katie Bell back at school was Dean Thomas, because he would no longer be required to fill her place as Chaser. He took the blow stoically enough when Harry told him, merely grunting and

495

Sur cette page, Harry découvre dans son *Manuel avancé de préparation des potions* une annotation du Prince de Sang-Mêlé, Sectumsempra. Il réalisera par la suite qu'il est dangereux d'utiliser un sort qu'on ne connaît pas !

Harry était sur le point de ranger son livre quand il remarqua une page cornée. Il regarda à cet endroit et vit le sortilège de Sectumsempra « Contre les ennemis », qu'il avait repéré quelques semaines auparavant.

Harry Potter et le Prince de Sang-Mêlé

Manuscrit de Harry Potter et le Prince de Sang-Mêlé, *annoté par J.K. Rowling et son éditeur (vers 2004-2005)*

BLOOMSBURY

L'ALCHIMISTE NICOLAS FLAMEL

DURANT LEUR PREMIÈRE ANNÉE à Poudlard, Harry, Hermione et Ron consacrent beaucoup de temps à se renseigner sur Nicolas Flamel. Leurs efforts finissent par payer : ils découvrent que Flamel est la seule personne à avoir fabriqué une pierre philosophale.

Au cours des siècles, de nombreux témoignages ont fait état de la réalité de la Pierre philosophale, mais la seule qui existe vraiment de nos jours est l'œuvre de Nicolas Flamel, le célèbre alchimiste et amateur d'opéra qui a célébré récemment son six cent soixante-cinquième anniversaire et mène une vie paisible dans le Devon en compagnie de son épouse, Pernelle (six cent cinquante-huit ans).

HARRY POTTER À L'ÉCOLE DES SORCIERS

Nicolas Flamel a bel et bien existé ! Souvent décrit comme alchimiste, il serait parvenu à percer le secret de la pierre philosophale. Or, il était en réalité un bourgeois parisien, mort en 1418, qui, selon certaines sources, aurait été libraire. La peinture ci-contre reproduit le monument dédié aux Innocents qu'avaient fait construire Nicolas et sa femme Pernelle. Ils sont représentés en haut de l'œuvre, priant à côté des saints.

Peinture à l'aquarelle de l'arcade commissionnée par Nicolas Flamel et son épouse (France, XVIIIe siècle)

BRITISH LIBRARY

Épitaphe

Le vrai Nicolas Flamel a été enterré à Paris à l'église Saint-Jacques-la-Boucherie, dont la tour Saint-Jacques constitue le seul vestige. Son épitaphe, qui reposait sur son tombeau, est rédigée en français. Dans la partie supérieure de cette pierre de cinquante-huit centimètres de haut, au-dessus des inscriptions gravées, le Christ est encadré de la lune et du soleil ainsi que des saints Pierre et Paul. Le défunt est figuré tout en bas, sous le texte.

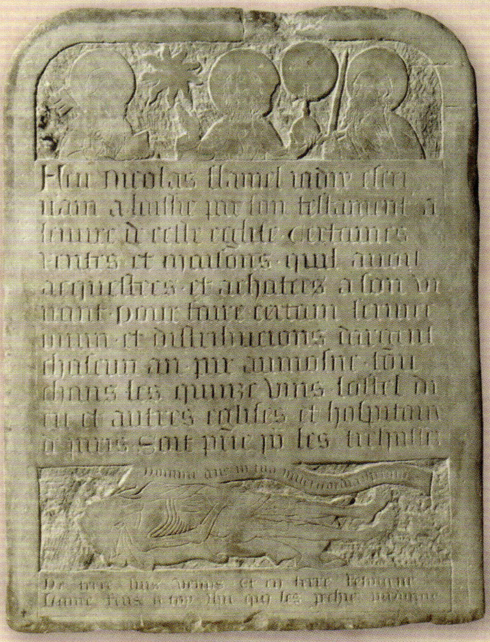

Épitaphe de Nicolas Flamel (Paris, XVe siècle)

MUSÉE DE CLUNY
(MUSÉE NATIONAL DU MOYEN ÂGE)

« … c'est comme d'aller se coucher à la fin d'une très, très longue journée. Après tout, pour un esprit équilibré, la mort n'est qu'une grande aventure de plus. »

Professeur Dumbledore – Harry Potter à l'école des sorciers

QUIRRELL ET LA PIERRE PHILOSOPHALE

CI-CONTRE, DEUX PAGES de la première version manuscrite du chapitre 17 de *Harry Potter à l'école des sorciers* écrite de la main de J. K. Rowling. La plupart des dialogues ont été conservés dans la version finale du roman, à l'exception de la mise en garde de Harry à l'encontre de Quirrel :

« Vous n'avez pas encore la pierre… Dumbledore sera bientôt là. Il vous arrêtera. »

La confrontation entre Harry et Quirrell a finalement été remaniée et cette réplique a été supprimée.

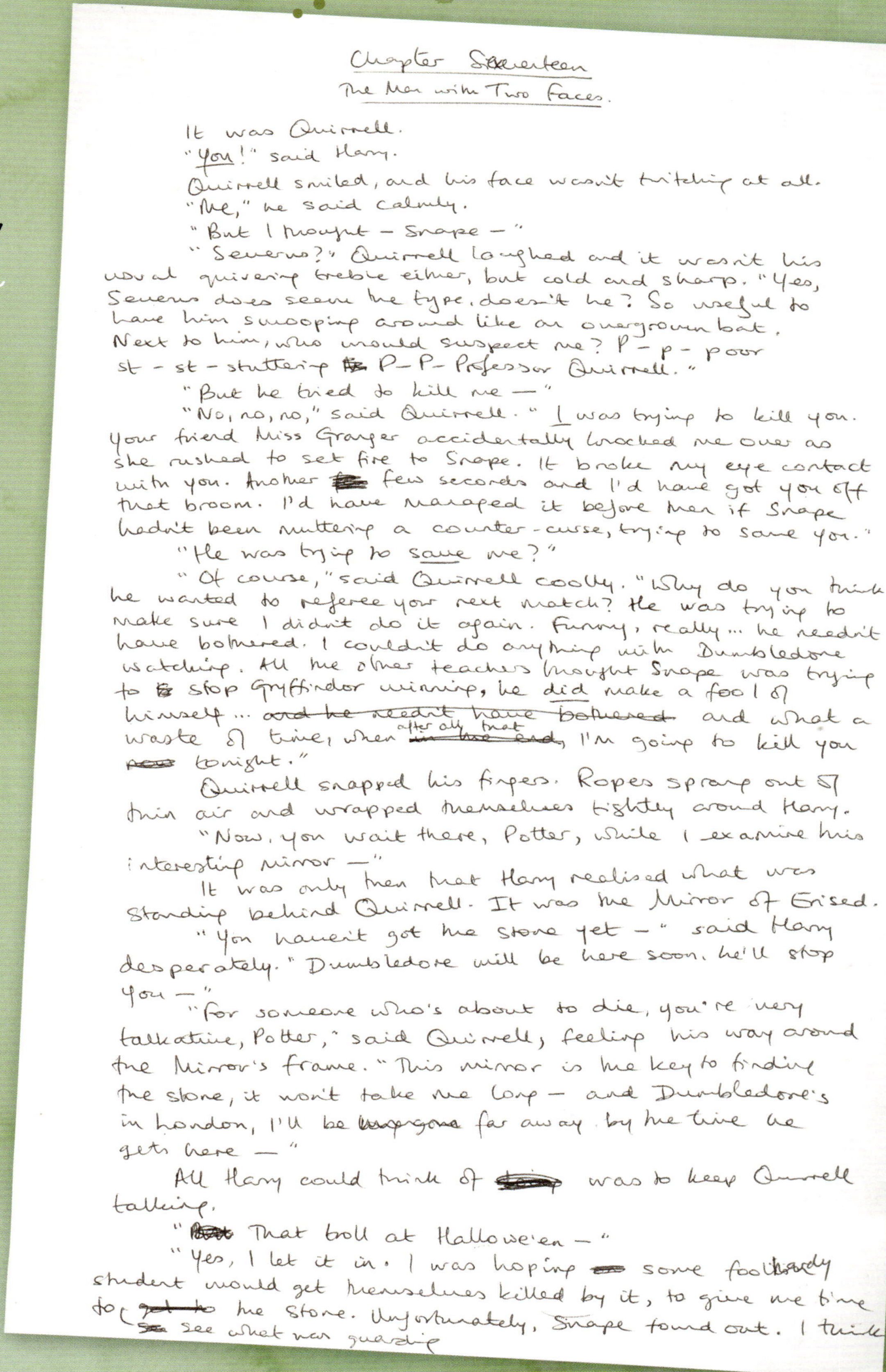

Chapter Seventeen

The Man with Two Faces.

It was Quirrell.

"You!" said Harry.

Quirrell smiled, and his face wasn't twitching at all.

"Me," he said calmly.

"But I thought – Snape –"

"Severus?" Quirrell laughed and it wasn't his usual quivering treble either, but cold and sharp. "Yes, Severus does seem the type, doesn't he? So useful to have him swooping around like an overgrown bat. Next to him, who would suspect me? P – p – poor st – st – stuttering P – P – Professor Quirrell."

"But he tried to kill me —"

"No, no, no," said Quirrell. "I was trying to kill you. Your friend Miss Granger accidentally knocked me over as she rushed to set fire to Snape. It broke my eye contact with you. Another few seconds and I'd have got you off that broom. I'd have managed it before then if Snape hadn't been muttering a counter-curse, trying to save you."

"He was trying to save me?"

"Of course," said Quirrell coolly. "Why do you think he wanted to referee your next match? He was trying to make sure I didn't do it again. Funny, really… he needn't have bothered. I couldn't do anything with Dumbledore watching. All the other teachers thought Snape was trying to stop Gryffindor winning, he did make a fool of himself… ~~and he needn't have bothered~~ and what a waste of time, when ~~in the end~~ after all that, I'm going to kill you tonight."

Quirrell snapped his fingers. Ropes sprang out of thin air and wrapped themselves tightly around Harry.

"Now, you wait there, Potter, while I examine this interesting mirror —"

It was only then that Harry realised what was standing behind Quirrell. It was the Mirror of Erised.

"You haven't got the stone yet –" said Harry desperately. "Dumbledore will be here soon. He'll stop you —"

"For someone who's about to die, you're very talkative, Potter," said Quirrell, feeling his way around the Mirror's frame. "This mirror is the key to finding the stone, it won't take me long – and Dumbledore's in London, I'll be gone far away by the time he gets here —"

All Harry could think of was to keep Quirrell talking.

"That troll at Hallowe'en –"

"Yes, I let it in. I was hoping some foolhardy student would get themselves killed by it, to give me time to ~~get to~~ see what was guarding the stone. Unfortunately, Snape found out. I think

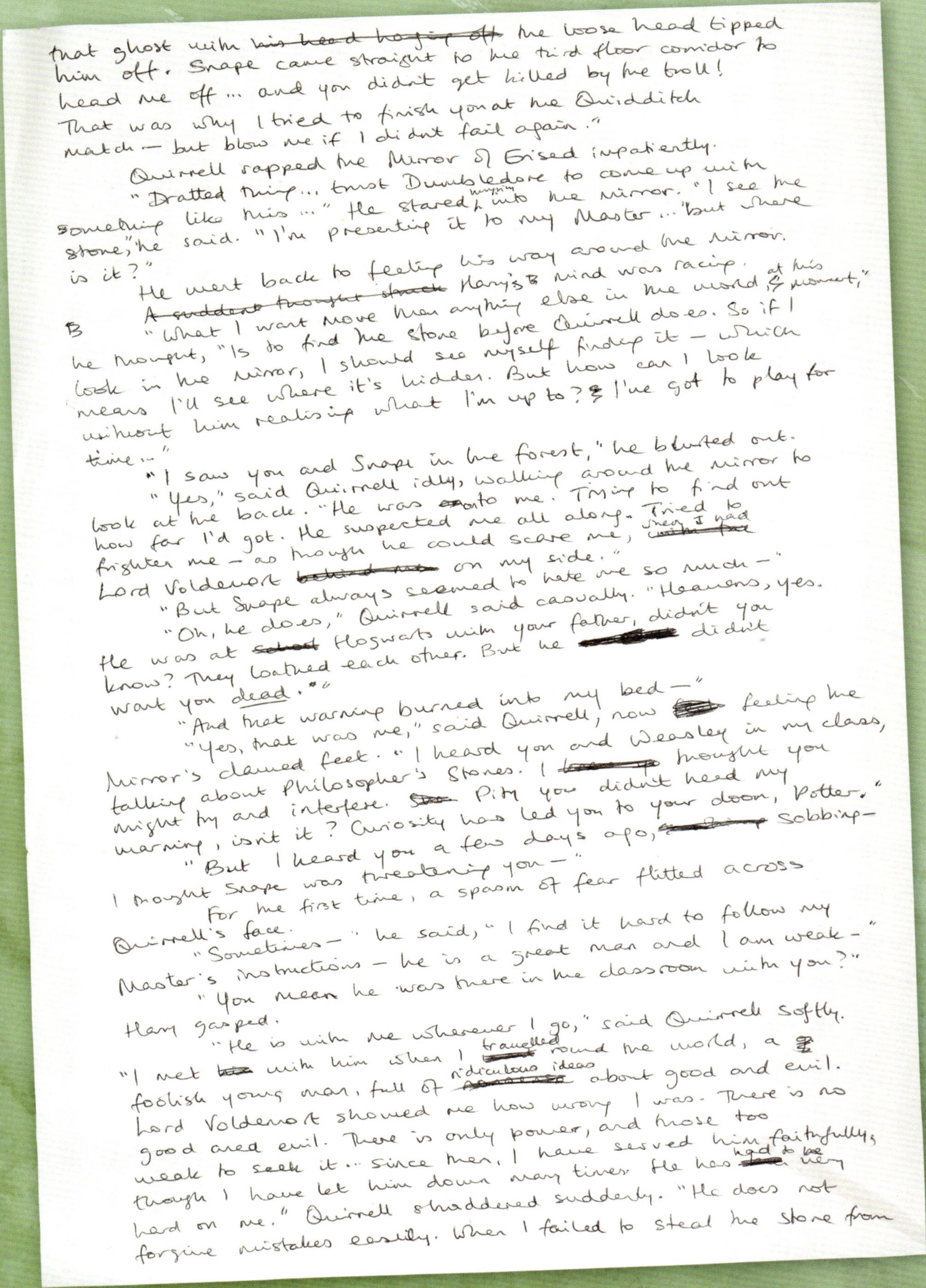

that ghost with ~~his head hanging off~~ the loose head tipped
him off. Snape came straight to the third floor corridor to
head me off... and you didn't get killed by the troll!
That was why I tried to finish you at the Quidditch
match — but blow me if I didn't fail again."

Quirrell rapped the Mirror of Erised impatiently.
"Dratted thing... trust Dumbledore to come up with
something like this..." He stared longingly into the mirror. "I see the
stone," he said. "I'm presenting it to my Master... but where
is it?"

He went back to feeling his way around the mirror.
~~A sudden thought struck~~ Harry's ~~B~~ mind was racing.
B "What I want more than anything else in the world at this moment,"
he thought, "is to find the stone before Quirrell does. So if I
look in the mirror, I should see myself finding it — which
means I'll see where it's hidden. But how can I look
without him realising what I'm up to? ~~&~~ I've got to play for
time..."

"I saw you and Snape in the forest," he blurted out.
"Yes," said Quirrell idly, walking around the mirror to
look at the back. "He was ~~[illegible]~~ onto me. Trying to find out
how far I'd got. He suspected me all along. Tried to
frighten me — as though he could scare me, when I had ~~with the~~
Lord Voldemort ~~behind me~~ on my side."
"But Snape always seemed to hate me so much —"
"Oh, he does," Quirrell said casually. "Heavens, yes.
He was at ~~school~~ Hogwarts with your father, didn't you
know? They loathed each other. But he ~~[illegible]~~ didn't
want you dead."
"And that warning burned into my bed —"
"Yes, that was me," said Quirrell, now ~~[illegible]~~ feeling the
Mirror's clawed feet. "I heard you and Weasley in my class,
talking about Philosopher's Stones. I ~~[illegible]~~ thought you
might try and interfere. ~~Sta~~ Pity you didn't heed my
warning, isn't it? Curiosity has led you to your doom, Potter."
"But I heard you a few days ago, ~~[illegible]~~ sobbing —
I thought Snape was threatening you —"
For the first time, a spasm of fear flitted across
Quirrell's face.
"Sometimes —" he said, "I find it hard to follow my
Master's instructions — he is a great man and I am weak —"
"You mean he was there in the classroom with you?"
Harry gasped.
"He is with me wherever I go," said Quirrell softly.
"I met ~~him~~ with him when I travelled round the world, a ~~f~~
foolish young man, full of ridiculous ideas ~~[illegible]~~ about good and evil.
Lord Voldemort showed me how wrong I was. There is no
good and evil. There is only power, and those too
weak to seek it... Since then, I have served him faithfully,
though I have let him down many times. He has ~~been~~ had to be very
hard on me." Quirrell shuddered suddenly. "He does not
forgive mistakes easily. When I failed to steal the stone from

Première version du chapitre 17 de Harry Potter a l'école des sorciers, *écrite à la main par J.K. Rowling*

J.K. ROWLING

Face à Touffu

Ce dessin original de J. K. Rowling illustre le moment où Neville, Ron, Harry, Hermione et Gary (renommé Dean par la suite, et qui ne sera finalement pas gardé dans cette scène) se retrouvent nez à nez avec l'énorme chien à trois têtes qui protège la Pierre philosophale.

J. K. Rowling a représenté avec force détails chacun des jeunes héros : le pyjama à lapins de Neville, les taches de rousseur de Ron, les grandes dents d'Hermione. Il est fascinant de voir combien l'auteur, dès le début, avait déjà tous ses personnages en tête !

Devant leurs yeux, un chien monstrueux remplissait tout l'espace entre le sol et le plafond. L'animal avait trois têtes : trois paires d'yeux étincelant d'une lueur démente, trois museaux qui les flairaient en frémissant avec avidité et trois gueules bavantes hérissées d'énormes crocs jaunâtres d'où pendaient des filets de salive épais comme des cordes.

Harry Potter à l'école des sorciers

Dessin à l'encre de Harry et ses amis, par J. K. Rowling (1991)

J. K. Rowling

Le saviez-vous ?

Cette scène, intitulée « Duel avec Drago » ('Draco's Duel'), était intégrée à l'origine au chapitre 7. Mais J. K. Rowling et son éditeur, en retravaillant le manuscrit, en ont fait le chapitre 9, « Duel à minuit » ('The Midnight Duel').

Cerbère

Cerbère apparaît dans de nombreux récits de l'Antiquité. Dans la mythologie grecque, il est le monstrueux chien à trois têtes qui garde l'entrée des Enfers.

L'artiste Edward Burne-Jones (1833-1898) a créé la gravure sur bois ci-dessous pour illustrer *The Earthly Paradise* (*Le Paradis terrestre*), de William Morris. Dans ce poème, le personnage de Psyché, envoyé en mission aux Enfers, distrait le terrible Cerbère avec des gâteaux au miel.

Edward Burne-Jones et William Morris,
Psyché lançant des gâteaux au miel à Cerbère
(vers 1880)

BIRMINGHAM MUSEUM AND ART GALLERY

Touffu, par Jim Kay

BLOOMSBURY

LE PARCHEMIN DE RIPLEY

LE STUPÉFIANT PARCHEMIN de Ripley est un manuscrit d'alchimie contenant de remarquables illustrations et un texte intitulé « Versets de l'élixir » – une recette permettant de créer une pierre philosophale. Le parchemin doit son nom à George Ripley (mort vers 1490), alchimiste et auteur du livre *The Compound of Alchemy (Les Douze Portes d'Alchimie)*, qui explique comment fabriquer une pierre philosophale. Y figurent des dragons, des crapauds et un oiseau ailé accompagnés de la légende : « Je suis l'oiseau d'Hermès / Dévorant mes ailes pour me faire docile. »

LE SAVIEZ-VOUS ?

Déplié, le parchemin mesure six mètres de long, soit la hauteur d'une girafe ! En raison de son format exceptionnel, il n'a, de mémoire d'homme, jamais été présenté au public avant l'exposition Harry Potter: A History of Magic *en 2017. Les conservateurs du musée n'avaient pas de table assez longue !*

« Tu sais, la Pierre n'avait rien de si extraordinaire. Elle donnait autant d'argent et permettait de vivre aussi longtemps qu'on le souhaitait ! Les deux choses que la plupart des humains désirent le plus au monde, l'ennui, c'est que les humains ont un don pour désirer ce qui leur fait le plus de mal. »

PROFESSEUR DUMBLEDORE – HARRY POTTER À L'ÉCOLE DES SORCIERS

Parchemin de Ripley (Angleterre, XVIe siècle)

BRITISH LIBRARY

Détails du parchemin de Ripley

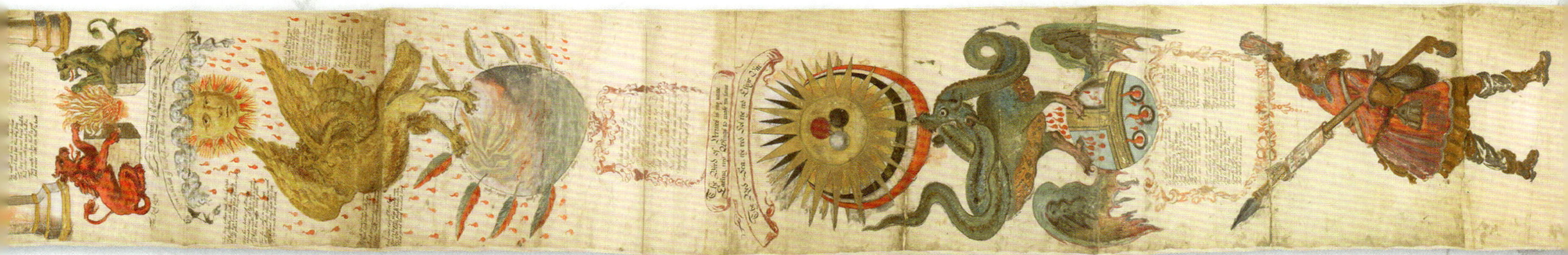

BOTANIQUE

Trois fois par semaine, ils étudiaient les plantes et les champignons étranges dans les serres situées à l'arrière du château, sous la direction d'une petite sorcière joliment potelée qui s'appelait le professeur Chourave.

HARRY POTTER À L'ÉCOLE DES SORCIERS

DEPUIS DES MILLÉNAIRES, l'étude captivante de la botanique permet d'en savoir plus sur les plantes et notamment sur leurs propriétés médicinales. Ces connaissances sont primordiales pour mettre au point de nouveaux remèdes et promouvoir la santé.

La botanique est une matière essentielle à Poudlard. Dans ce cours, les élèves apprennent à prendre soin des plantes et étudient leurs propriétés magiques et leurs applications. Dans le monde des sorciers, d'innombrables espèces aux attributs magiques entrent comme ingrédients dans les potions. La mandragore, le bubobulb et la branchiflore sont quelques-unes des plantes que doit connaître tout jeune sorcier.

POMONA CHOURAVE

PROFESSEUR DE : BOTANIQUE

PHYSIONOMIE : Le professeur Chourave est une petite sorcière rondelette aux cheveux gris et frisés, et aux vêtements souvent couverts de terre.

LE SAVIEZ-VOUS ? C'est elle qui soigne le Saule cogneur après que Harry et Ron l'ont percuté avec la Ford Anglia de Mr Weasley, lors de leur deuxième rentrée à Poudlard.

ZOOM

PLANTES MÉDICINALES

De nombreux médicaments modernes sont à base de plantes. La digoxine (qui traite les maladies du cœur) est extraite de la digitale. La morphine et la codéine, qui calment la douleur, sont des dérivés du pavot. La quinine sert à lutter contre la malaria. L'aspirine contient de la salicyline, produite dans l'écorce du saule blanc.

LE SAVIEZ-VOUS ?

Frotter une feuille d'oseille sur une piqûre d'ortie soulage la douleur. On a longtemps cru qu'il s'agissait d'une réaction chimique entre l'oseille et l'ortie. En réalité, la sensation d'apaisement est simplement due à la sève froide de la feuille.

Professeur Pomona Chourave, par Jim Kay

BLOOMSBURY

PROFESSEUR CHOURAVE

CE DESSIN, réalisé par J. K. Rowling sept ans avant la parution de *Harry Potter à l'école des sorciers*, représente le professeur Chourave entourée des plantes étudiées dans son cours de botanique. De son chapeau de sorcière pend une petite araignée.

Regardez attentivement les plantes dessinées : certaines ont des caractéristiques inhabituelles. Ces longs tentacules qui s'échappent de leur pot n'appartiendraient-ils pas à une Tentacula vénéneuse en quête de quelque chose à attraper ?

« [...] et attention à la Tentacula vénéneuse, elle est en train de faire ses dents. » Elle donna un coup sec à une plante épineuse qui rétracta aussitôt les longs tentacules qu'elle avait sournoisement glissés sur l'épaule du professeur.

PROFESSEUR CHOURAVE – HARRY POTTER ET LA CHAMBRE DES SECRETS

Dessin à l'encre du professeur Pomona Chourave, par J. K. Rowling (30 décembre 1990)

J. K. ROWLING

ZOOM

PLANTES EN MOUVEMENT

Toutes les plantes bougent... mais de façon si imperceptible que nous ne le remarquons pas. Cela est cependant visible chez certaines espèces comme la dionée attrape-mouches, qui piège les insectes entre ses feuilles qui se referment aussi prestement qu'un livre, ou la sensitive dont les feuilles se replient au moindre souffle ou contact.

LES RACINES DE MANDRAGORE

Véritable racine de mandragore (Angleterre, XVIe ou XVIIe siècle)

SCIENCE MUSEUM

« La mandragore constitue un ingrédient essentiel entrant dans la composition de nombreux antidotes. Mais c'est également une plante dangereuse. Qui peut me dire pourquoi ? » Hermione leva la main si brusquement qu'elle faillit accrocher les lunettes de Harry au passage. « Le cri de la mandragore est mortel pour quiconque l'entend », dit-elle aussitôt.

PROFESSEUR CHOURAVE ET HERMIONE – HARRY POTTER ET LA CHAMBRE DES SECRETS

Herbier de Giovanni Cadamosto (Italie ou Allemagne, XVe siècle)

BRITISH LIBRARY

La mandragore existe vraiment ! Ses racines rappellent étrangement la silhouette d'un homme – c'est pourquoi de nombreuses cultures lui ont attribué des pouvoirs spéciaux. D'après les herbiers médiévaux, la mandragore avait un grand potentiel curatif : elle était réputée pour soigner les maux de tête, les maux d'oreilles et la démence, entre autres affections.

On racontait également que ses racines poussaient des cris perçants rendant fou celui qui les entendait. Aussi, pour les déterrer, fallait-il – après avoir dégagé la terre autour des racines à l'aide d'un piquet en ivoire – attacher la plante à un chien au moyen d'une corde. On encourageait le chien à avancer en l'appâtant avec de la nourriture ou en soufflant dans un cor (ce qui couvrait les hurlements des racines)… jusqu'à ce que la mandragore soit arrachée.

En réalité, les mandragores ne crient pas… mais restent hautement toxiques : leurs feuilles contiennent un poison qui cause des hallucinations.

ZOOM

LES PLANTES ET LE BRUIT

Aucune plante n'est capable d'émettre des sons… en revanche, certaines semblent pouvoir entendre ! Une récente étude a montré qu'au son de l'enregistrement d'une chenille en train de mastiquer, certains végétaux produisaient une substance chimique que les chenilles n'aiment pas, se protégeant ainsi de ces déplaisants convives !

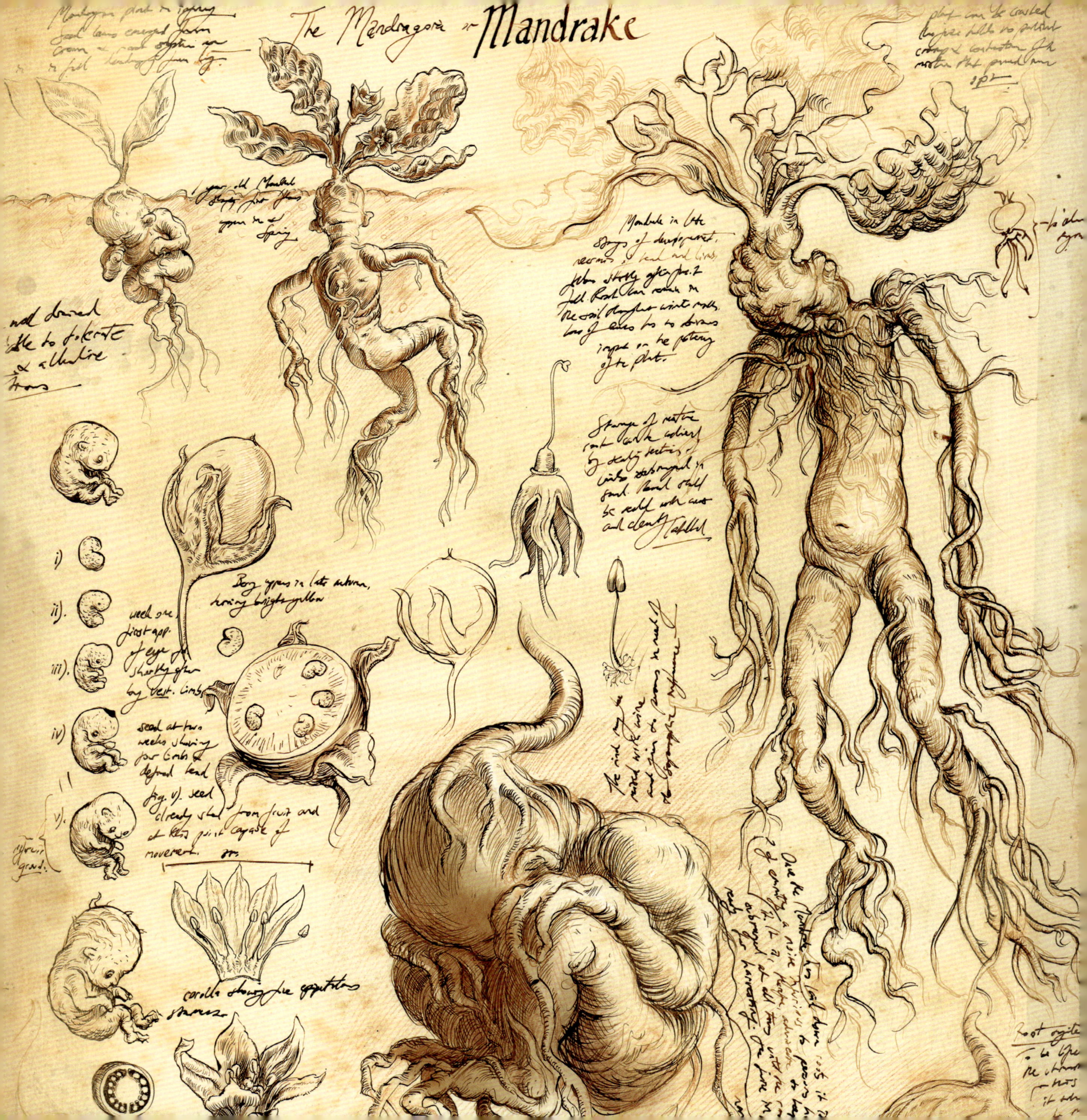

The Mandragora or Mandrake
i)
ii).
iii).
iv)
v).
Berry appears in late autumn, turning bright yellow

ÉTUDE DES MANDRAGORES

À la place des racines, il y avait une espèce de petit bébé très laid et plein de terre. Les feuilles de la plante lui sortaient du crâne. Sa peau marbrée avait une couleur vert pâle et de toute évidence, il hurlait à pleins poumons.

HARRY POTTER ET LA CHAMBRE DES SECRETS

LES DESSINS CI-CONTRE de Jim Kay représentent des mandragores depuis leur état de « bébé » jusqu'à leur état « adulte ». Les racines de la plante adulte se déploient peu à peu pour former son « corps », tandis que les feuilles se développent sur sa tête. L'apparition des baies signe la maturité de la plante, désormais capable de se reproduire. Cette étude semble dessinée d'après nature – Jim Kay était auparavant conservateur aux Jardins botaniques royaux de Kew, à Londres ! – et rappelle les croquis naturalistes qu'abrite toute bibliothèque botanique.

Étude de mandragores, par Jim Kay
BLOOMSBURY

ACTIVITÉ

DES FLEURS ENSORCELÉES

Ensorcelez un bouquet de fleurs avec ce tour de magie ! Il vous faut des fleurs blanches (des œillets, par exemple) et deux flacons de colorant alimentaire (choisissez vos couleurs préférées).

Dans un verre à moitié rempli d'eau, versez le contenu de l'un des flacons de colorant jusqu'à obtenir une couleur intense. Coupez les tiges des fleurs à quelques centimètres de leur base. Placez les fleurs dans l'eau colorée et observez : elles vont changer de couleur à vue d'œil ! Plus vous les laisserez longtemps dans l'eau, plus leur nouvelle couleur sera prononcée.

Pour créer une fleur bicolore, fendez sa tige en deux sur toute la longueur (en veillant bien à garder la fleur intacte !). Répartissez les demi-tiges ainsi obtenues dans deux verres d'eau de couleurs différentes et observez la fleur se teinter des deux nuances !

MÂLES ET FEMELLES

Pedanius Dioscorides (mort vers 90 ap. J.-C.) était un botaniste et pharmacologue grec. Il a été l'un des premiers à remarquer l'existence de mandragores mâles et femelles. Cette observation repose sur le fait que nombre d'espèces de mandragores sont originaires du bassin méditerranéen.

Les herbiers

Certaines plantes étaient recherchées dans le monde entier pour leurs propriétés thérapeutiques. Un herbier est un livre qui décrit des plantes et la façon dont on peut les utiliser pour préparer des onguents et des remèdes. Dans la saga *Harry Potter*, de multiples noms de plantes et de potions font référence à ceux qui ont dédié leur vie à recenser les innombrables variétés de végétaux existant sur notre planète.

English Physician; and Complete Herbal
(« Médecine anglaise, et Herbier complet »)
(Londres, 1789)

BRITISH LIBRARY

L'herbier de Culpeper

Connu comme l'« herbier de Culpeper », ce livre de Nicholas Culpeper (1616-1654) a paru en 1652 sous le titre *English Physician* (« Médecine anglaise »). Depuis, il a été réédité plus de cent fois ! C'est le premier ouvrage de médecine à avoir été publié en Amérique du Nord.

Afin de rendre le texte accessible à tous, Culpeper l'a rédigé en anglais et non en latin. Son herbier recense de nombreuses plantes médicinales associées aux maux qu'elles soignent. Il détaille les traitements les plus efficaces, par exemple leur durée ou les moments de la journée auxquels les prendre.

J. K. Rowling a consulté l'herbier de Culpeper lors de ses recherches pour Harry Potter.

« J'ai deux exemplaires de Culpeper. Une édition bon marché, achetée d'occasion il y a des années, et une édition superbe qui m'a été offerte par Bloomsbury. »

J. K. Rowling, 2017

Le saviez-vous ?

Culpeper n'avait pas l'autorisation d'exercer et irritait les docteurs londoniens, qui estimaient être les seuls à pouvoir pratiquer la médecine. Il est entré en conflit avec le Collège royal de médecine et aurait même été jugé (mais acquitté) en 1642 pour sorcellerie.

LE CURIEUX HERBIER D'ELIZABETH BLACKWELL

Le livre *A Curious Herbal* («Un curieux herbier») a une histoire incroyable. Il a été illustré, gravé et coloré à la main par Elizabeth Blackwell (1707-1758) afin de lever des fonds pour libérer son mari Alexander, enfermé dans une prison réservée aux personnes endettées.

Le livre est publié sous forme de fascicules à un rythme hebdomadaire entre 1737 et 1739. Il contient cinq cents planches illustrées : Elizabeth réalise ses dessins au Jardin botanique de Chelsea, puis se rend à la prison pour les montrer à Alexander afin qu'il identifie chacune des plantes.

Grâce aux ventes du livre, elle récolte suffisamment d'argent pour libérer son époux. Hélas, Alexander part pour la Suède, où il est exécuté pour trahison après avoir été mêlé à une conspiration politique. Elizabeth meurt seule en Angleterre, en 1758.

ZOOM

LES HERBIERS

Toutes les civilisations du monde ont fabriqué des herbiers. Ces ouvrages étaient extrêmement importants : pendant des siècles, ils ont constitué la seule source de conseils médicaux. En plus de décrire l'utilisation officinale des végétaux, ils contenaient aussi souvent des informations «magiques». On pensait en effet qu'on pouvait guérir certaines parties du corps par une plante de forme similaire. Les maladies des poumons étaient ainsi soignées avec la pulmonaire, une plante dont les feuilles tachetées évoquent la forme d'un poumon.

Page du Dracontium, tirée de A Curious Herbal *(«Un curieux herbier») d'Elizabeth Blackwell. Cet herbier contient 500 planches illustrées des plantes les plus utiles, désormais utilisées dans la pratique de la médecine. 2 volumes (Londres, 1737-1739)*

BRITISH LIBRARY

Le serpentaire

Au Moyen Âge, les apprentis botanistes consignaient et illustraient soigneusement les propriétés des diverses plantes.

Les pages ci-dessous proviennent d'un herbier superbement illustré, réalisé en Lombardie (nord de l'Italie) vers 1440, probablement pour un riche client. L'herbier contient des représentations réalistes de nombreuses plantes avec une légende expliquant leur nom. À côté du serpentaire ici présenté figurent quelques-unes de ses appellations latines : *dragontea, serpentaria, viperina.* Cette plante était réputée soigner les morsures de serpent, d'où la présence d'un serpent vert autour de ses racines et d'un dragon (un *Draco magnus*) à l'air féroce, avec sa langue fourchue et sa queue savamment entortillée.

Le saviez-vous ?

Plusieurs plantes portent aujourd'hui le nom de serpentaire, notamment la serpentaire rouge, ou renouée biscorde, aux multiples vertus.

Extrait d'un herbier : serpentaire (Italie, XVe siècle)

BRITISH LIBRARY

Antidote contre les morsures de serpent

On pensait autrefois que l'antidote le plus efficace contre les morsures de serpent était la centaurée, une variété de plante à fleurs. D'après ce manuscrit du XIIe siècle, la petite et la grande centaurée (*Centauria minor* et *Centauria major*) doivent leur nom au centaure Chiron. Dans la mythologie grecque, Chiron, le plus grand de tous les centaures, était aussi physicien, astrologue et oracle. Parmi ses élèves figurait Asclépios, dieu de la Médecine et de la Guérison, sauvé d'une mort prématurée et élevé par Chiron.

Dans ce dessin à l'encre, Chiron est représenté offrant les deux plantes en question à Asclépios, vêtu d'une toge. On distingue au sol un serpent qui s'éloigne en rampant.

Centaure dans un herbier (Angleterre, XIIe siècle)

BRITISH LIBRARY

Étude des gnomes

Il était petit avec une peau comme du cuir, et une grosse tête chauve couverte de verrues qui ressemblait à s'y méprendre à une pomme de terre. Ron le tenait à bout de bras tandis que la créature essayait de lui donner des coups de ses petits pieds noueux. Harry Potter et la Chambre des Secrets

Les gnomes du monde magique sont très différents des bonshommes joyeux au ventre rebondi et aux joues roses qui décorent parfois les jardins des Moldus. Les *Gernumbli gardensi*, pour utiliser leur nom scientifique, mesurent quelque trente centimètres de haut. Ils creusent des trous dans les jardins, arrachent les racines des arbres et créent des monticules de terre peu esthétiques.

Les dessins minutieux de Jim Kay retranscrivent merveilleusement l'aspect bosselé de la tête et les pieds cornus de ces créatures. L'artiste a par ailleurs parfaitement capté leur laideur, leur tête en forme de pomme de terre et leur air ahuri.

Le saviez-vous ?

On pensait autrefois que les gnomes représentaient la terre, l'un des quatre éléments de la nature (avec le feu, l'air et l'eau). On racontait qu'ils évitaient le contact avec les hommes et qu'ils étaient les gardiens des trésors souterrains.

Gnomes : croquis préparatoires et illustrations définitives, par Jim Kay

BLOOMSBURY

OUTILS POUR JARDIN MAGIQUE

Pour entretenir un jardin magique, il faut les bons outils ! Fabriqués à partir d'os et de bois de cerf, ces instruments ont été spécialement conçus pour semer et récolter. Ils auraient été utilisés pendant des millénaires.

De nombreuses plantes sont cultivées non seulement pour leurs propriétés médicinales, mais aussi pour leurs pouvoirs magiques supposés. Certaines personnes pensent que les rituels de récolte sont de la plus haute importance. Pour ceux qui employaient ces outils, il était essentiel qu'ils ne soient composés que de matériaux naturels, afin de ne pas corrompre les plantes manipulées.

Outils d'entretien du jardin en bois de cerf et os

THE MUSEUM OF WITCHCRAFT AND MAGIC

Ces matériaux avaient également une importance symbolique. On pensait que les outils fabriqués en bois de cerf connectaient la terre au monde spirituel supérieur. Parce qu'ils muent et repoussent chaque année, ces bois symbolisent la magie de la régénération et du renouveau.

Sortilèges

« N'oubliez surtout pas ce mouvement du poignet que nous avons appris, couina le professeur Flitwick, perché sur sa pile de livres, comme d'habitude. Le poignet bien souple, levez, tournez, rappelez-vous, levez, tournez. »

Professeur Flitwick – Harry Potter à l'école des sorciers

Les sortilèges, ou enchantements, constituent un savoir-faire aussi merveilleux qu'important du monde des sorciers. Il s'agit d'incantations qui ajoutent de nouvelles propriétés à un objet ou à une créature, lesquelles leur confèrent une autre utilité (et parfois un autre aspect). À Poudlard, les élèves apprennent toutes sortes de sortilèges : Lévitation (*Wingardium Leviosa*), Déverrouillage (*Alohomora*), Camouflage (*Confundo*), Chatouillis (*Rictusempra*)...

Quand ils étudient les enchantements, les élèves s'entraînent à faire des mouvements de baguette précis et à prononcer correctement l'incantation. Un manque de concentration peut provoquer des résultats inattendus...

Filius Flitwick

Professeur de : Sortilèges

Physionomie : Filius Flitwick est un sorcier minuscule doté d'une grande tignasse blanche.

Le saviez-vous ? Au cours de la première année de Harry à Poudlard, le professeur Flitwick ensorcelle des centaines de clés pour protéger la Pierre philosophale.

« Et prononcez distinctement la formule magique, c'est très important. N'oubliez jamais le sorcier Baruffio qui avait un défaut de prononciation et dont la femme s'est retrouvée avec un bison sur les épaules au lieu d'un vison. »

Professeur Flitwick – Harry Potter à l'école des sorciers

Zoom

Mots magiques

Le « mot magique » est essentiel au bon fonctionnement du sortilège. Certains sont particulièrement connus. Dans *Les Mille et Une Nuits*, Ali Baba ouvre la caverne des voleurs en prononçant : « Sésame, ouvre-toi. » Sur scène, les magiciens disent parfois « Abracadabra », « Ô miracle » ou tout simplement « Et voilà ! ».

ABRACADABRA !

« Tu as oublié de prononcer le mot magique », répliqua Harry avec mauvaise humeur. Cette simple phrase produisit un effet stupéfiant sur le reste de la famille : Dudley poussa un cri étouffé et tomba de sa chaise dans un grand fracas qui ébranla toute la cuisine ; Mrs Dursley laissa échapper un petit cri et plaqua ses mains contre sa bouche ; quant à Mr Dursley, il se leva d'un bond, les veines de ses tempes battant sous l'effet de la fureur.

HARRY POTTER ET LA CHAMBRE DES SECRETS

Depuis longtemps, les magiciens disent « Abracadabra ! » quand ils réalisent un tour de magie. Jadis, ce mot correspondait à un sortilège de guérison. On trouve sa trace pour la première fois dans le *Liber Medicinalis* (« Livre de médecine ») de Quintus Serenus Sammonicus, où il est décrit comme remède contre la malaria.

Il était conseillé aux malades d'écrire le mot sur plusieurs lignes, en enlevant à chaque fois la première lettre. Le texte ainsi formé avait la forme d'un triangle, qu'il fallait alors entourer à l'encre rouge puis porter comme amulette autour du cou afin d'endiguer la fièvre.

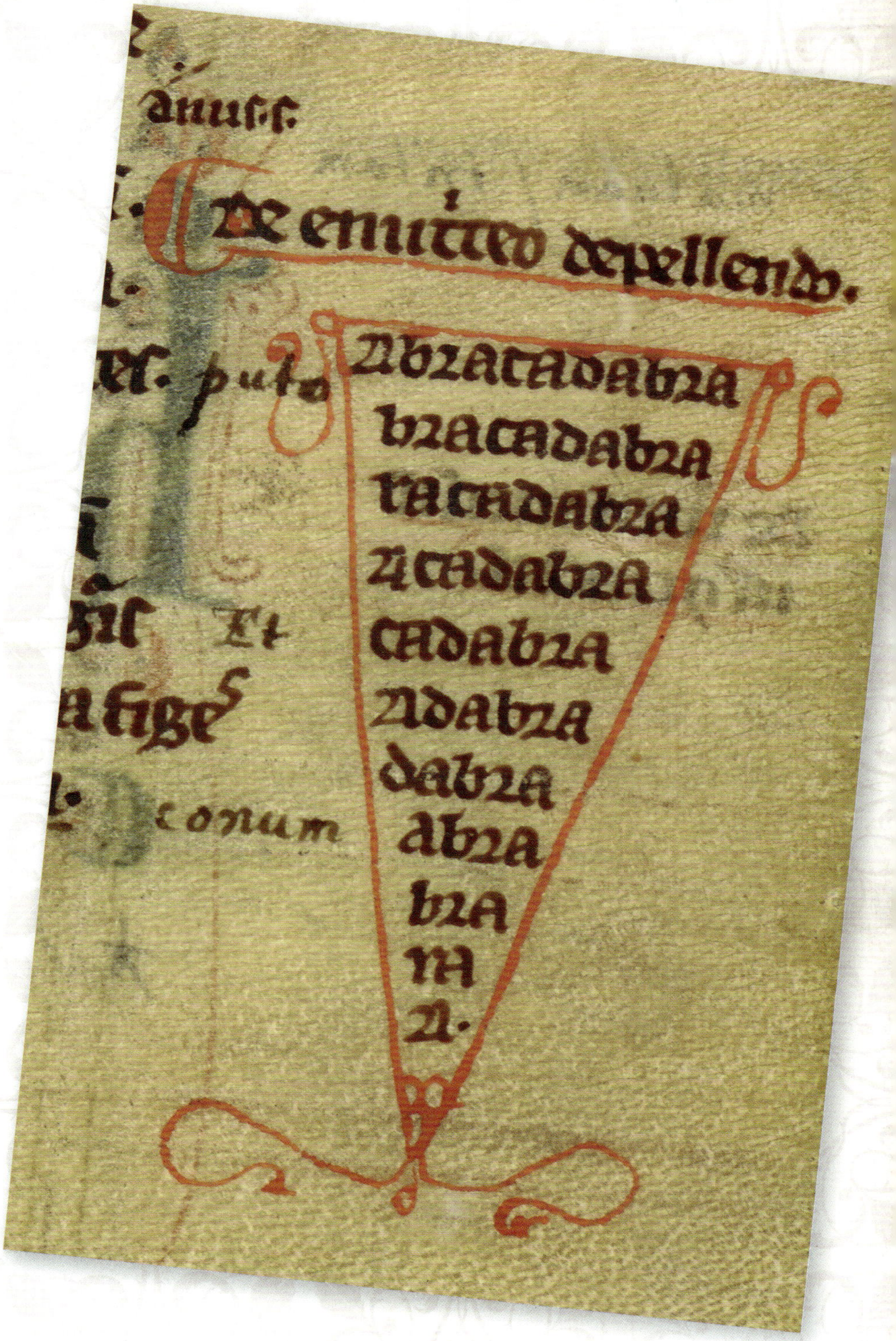

Liber Medicinalis *(Canterbury, XIIIe siècle)*
BRITISH LIBRARY

L'idée du Choixpeau magique

J. K. Rowling a passé cinq années à planifier l'univers et l'histoire de Harry Potter. Elle savait dès le départ qu'il y aurait à Poudlard quatre maisons – Gryffondor, Poufsouffle, Serdaigle et Serpentard –, chacune ayant des qualités particulières. Mais comment attribuer leur maison aux élèves ?

« Finalement, j'ai listé les moyens de sélectionner des gens : Am stram gram, la courte paille, un capitaine qui choisit son équipe, des noms dans un chapeau – des noms prononcés par un chapeau – enfiler un chapeau – un Choixpeau ! »

J.K. Rowling sur Pottermore

Sur la feuille de brouillon ci-contre, J.K. Rowling a listé ses idées pour répartir les élèves entre les quatre maisons – par exemple, des statues des fondateurs de Poudlard qui prendraient vie pour sélectionner leurs élèves. Elle a aussi pensé à un tribunal de fantômes, une devinette, un comité de sélection composé des préfets. Tout en bas de sa liste, J.K. Rowling a esquissé le chapeau enchanté de Godric Gryffondor – avec une bouche, évidemment !

Notes manuscrites de J.K. Rowling évoquant le Choixpeau magique

J. K. ROWLING

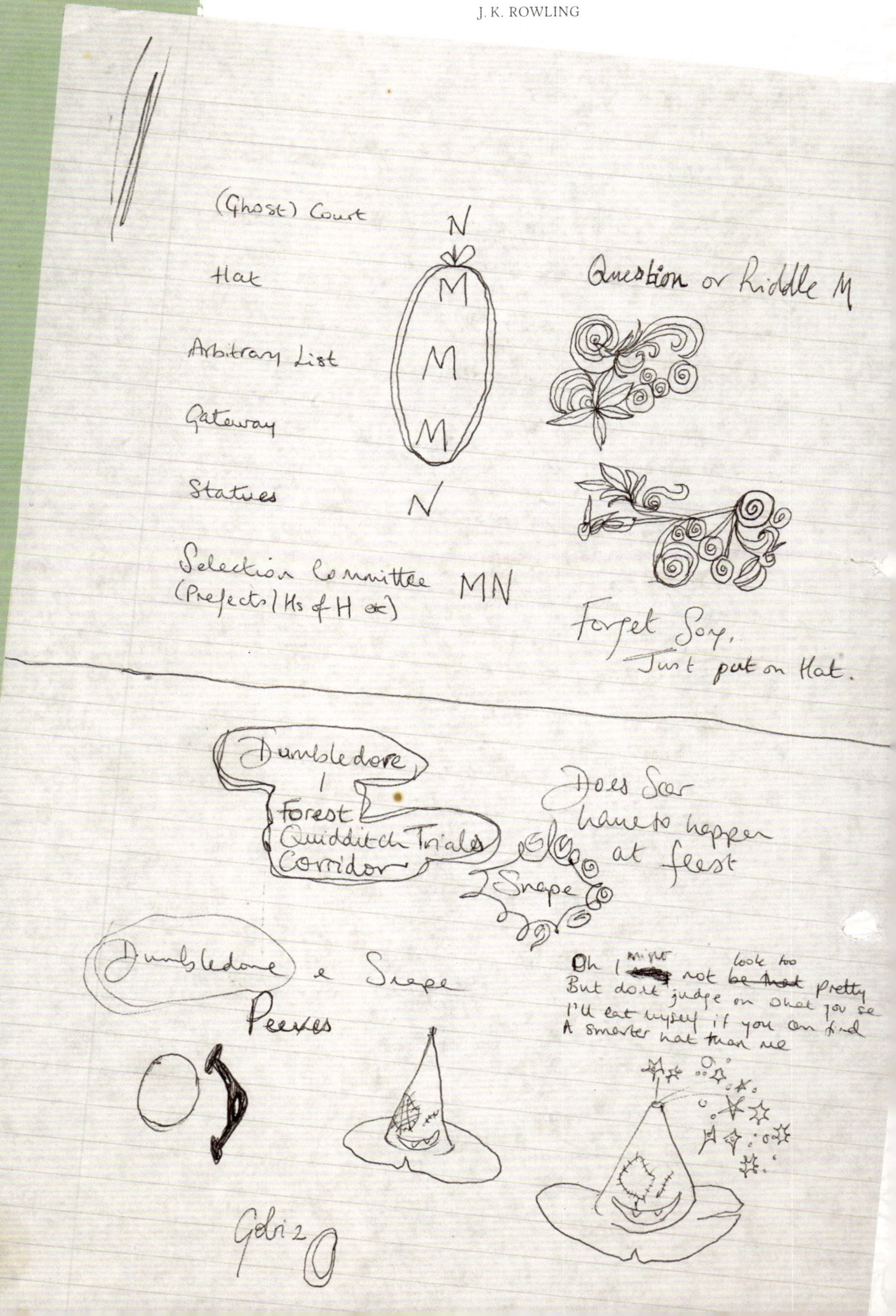

La chanson du Choixpeau

Tout le monde, à présent, avait les yeux fixés sur le chapeau pointu. Pendant quelques instants, il régna un silence total. Puis, tout à coup, le chapeau remua. Une déchirure, tout près du bord, s'ouvrit en grand, comme une bouche, et le chapeau se mit à chanter…

Harry Potter à l'école des sorciers

Voici l'une des premières versions, écrite par J.K. Rowling, de la chanson qu'interprète le Choixpeau lors de la première cérémonie de la Répartition de Harry. Même si certains passages ont été rayés et d'autres ajoutés, le texte correspond à peu près à celui publié dans *Harry Potter à l'école des sorciers*.

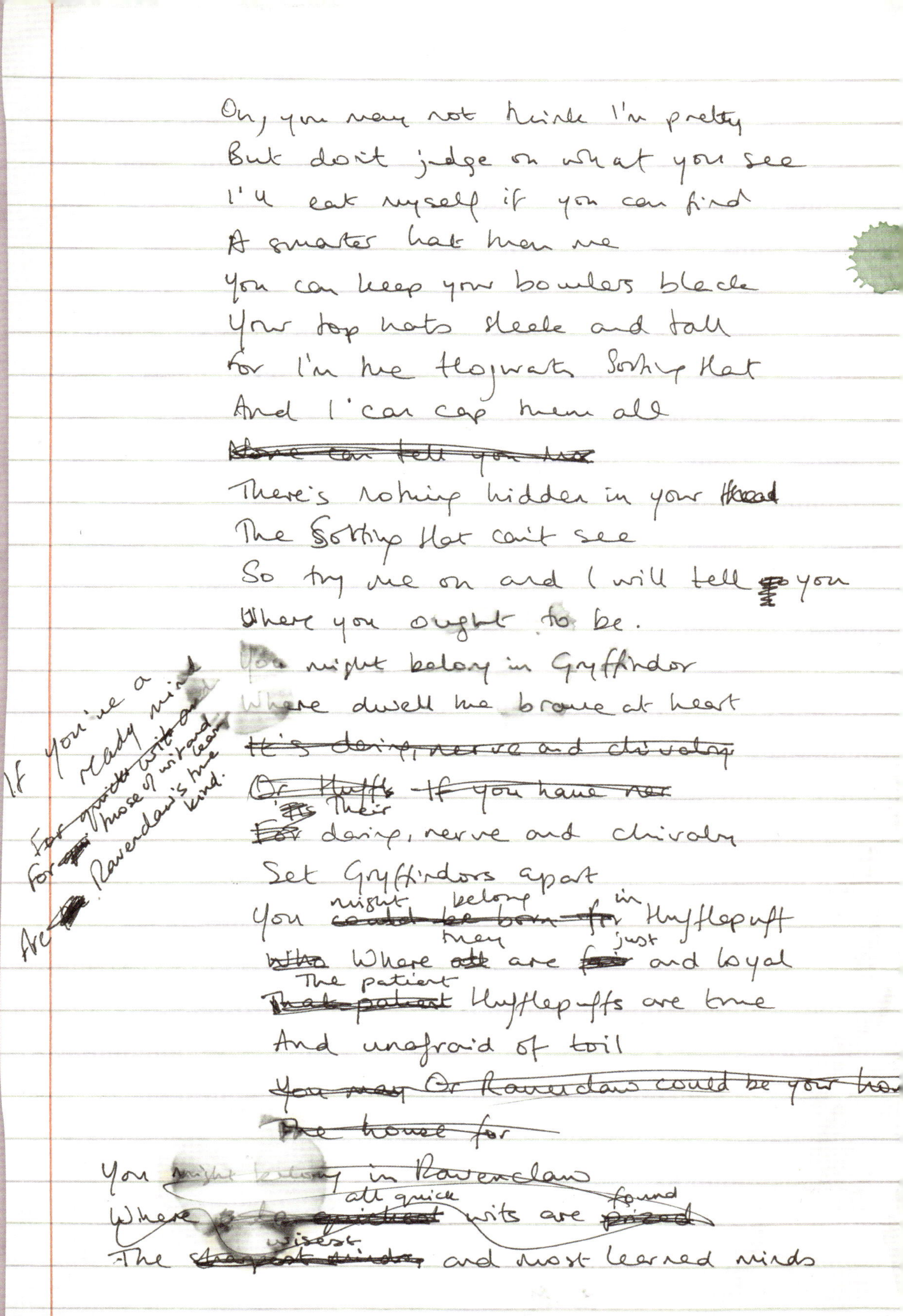

Oh, you may not think I'm pretty
But don't judge on what you see
I'll eat myself if you can find
A smarter hat than me
You can keep your bowlers black
Your top hats sleek and tall
For I'm the Hogwarts Sorting Hat
And I can cap them all
~~None can tell you the~~
There's nothing hidden in your head
The Sorting Hat can't see
So try me on and I will tell you
Where you ought to be.
You might belong in Gryffindor
Where dwell the brave at heart
~~It's daring, nerve and chivalry~~
~~Or Huffs~~ ~~If you have not~~
Their daring, nerve and chivalry
Set Gryffindors apart
You might belong in Hufflepuff
Where they are just and loyal
The patient Hufflepuffs are true
And unafraid of toil
~~You may Or Ravenclaw could be your hou~~
~~The house for~~
You might belong in Ravenclaw
Where all quick wits are found
The wisest and most learned minds

If you've a ready mind
For those of wit and learning
Are Ravenclaw's true kind.

La chanson du Choixpeau magique, par J.K. Rowling

J.K. Rowling

L'ACCÈS AU CHEMIN DE TRAVERSE

La brique se mit alors à trembloter et un petit trou apparut en son milieu. Le trou s'élargit de plus en plus et se transforma bientôt en une arcade suffisamment grande pour permettre même à Hagrid de passer. Au-delà, une rue pavée serpentait devant eux à perte de vue.

HARRY POTTER À L'ÉCOLE DES SORCIERS

J. K. ROWLING A DESSINÉ les étapes par lesquelles se matérialise l'entrée du Chemin de Traverse. Elle a d'abord représenté un mur de brique et une poubelle (a), puis l'endroit précis à frapper de sa baguette (en l'occurrence celle de Hagrid, cachée dans un parapluie) pour ouvrir l'arcade (b). Les briques commencent à se déplacer (c), puis une ouverture apparaît (d), qui grossit peu à peu jusqu'à dévoiler le passage (e et f).

Dessin de l'ouverture de l'accès au Chemin de Traverse, par J.K. Rowling (1990)

J.K. ROWLING

b.
c.
e.
f.
J.R.

Fresque du Chemin de Traverse

Cette fresque incroyablement détaillée de Jim Kay donne à découvrir les extraordinaires échoppes qui bordent le Chemin de Traverse. L'artiste s'est amusé avec les noms des boutiques : *Twinkles Telescopes* (au centre) s'inspire d'un magasin qu'il fréquentait enfant (*Sally Twinkles*), et *Bufo* (tout à gauche) veut dire « crapaud » en latin.

Dessin du Chemin de Traverse, par Jim Kay

BLOOMSBURY

On vendait de tout dans les boutiques, des balais, des robes de sorcier, des télescopes, des foies de chauve-souris et des yeux d'anguille conservés dans des barils, des piles chancelantes de grimoires, des plumes d'oie, des parchemins, des potions, des globes lunaires, d'étranges instruments en argent.

Harry Potter à l'école des sorciers

Argus Rusard

Argus Rusard, le concierge de Poudlard, est souvent à deux doigts de tomber sur Harry pendant les péripéties nocturnes du jeune sorcier !

Rusard était le concierge de Poudlard. C'était un sorcier raté et hargneux qui menait une guerre sans merci contre les élèves...

Harry Potter et le prisonnier d'Azkaban

Dans le croquis ci-contre, J. K. Rowling a figuré Rusard une lampe à la main – sans doute pour mieux traquer les élèves qui traîneraient dans les couloirs au lieu d'être dans leur lit !

Rusard est un Cracmol (ses parents sont des sorciers mais lui-même n'a aucun pouvoir), il ne peut donc pas lancer de sortilèges.

Vitmagic

Comme il est incapable de pratiquer la magie, Argus Rusard tente de s'améliorer en suivant les cours par correspondance de Vitmagic pour sorciers débutants. Harry Potter découvre l'enveloppe contenant des informations sur ce cours pendant sa deuxième année, au grand dam de Rusard.

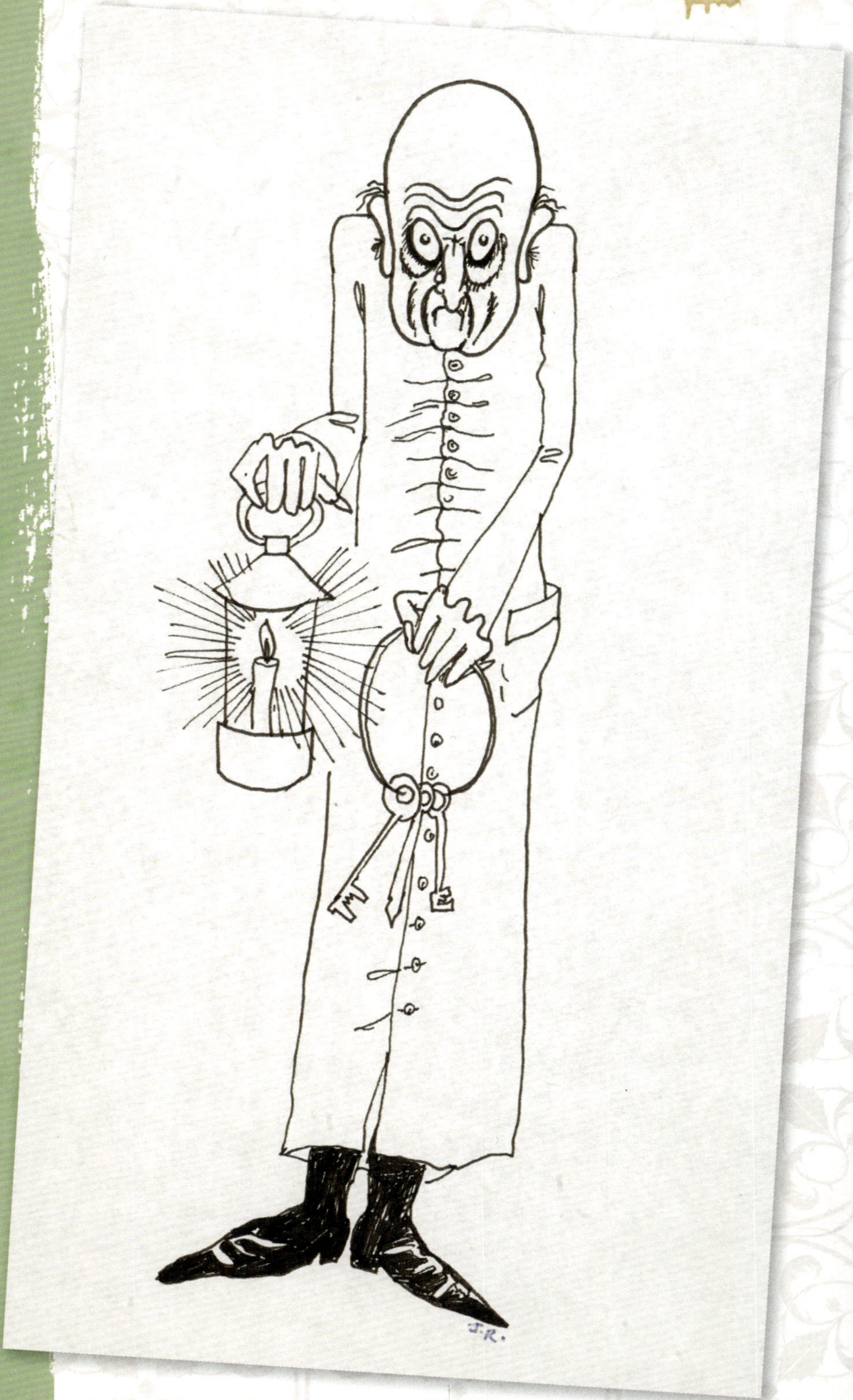

Croquis d'Argus Rusard, par J. K. Rowling (1990)

J. K. Rowling

... Argus Rusard surgit soudain à travers une tapisserie, la respiration sifflante, le regard flamboyant. Harry Potter et la Chambre des Secrets

Devenir Invisible

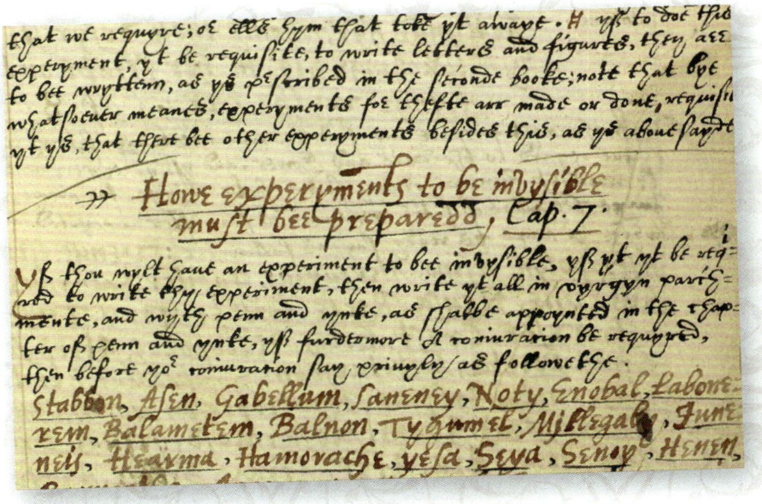
Howe experyments to be invysible must bee prepared, Cap. 7.

« Comment préparer une expérience d'invisibilité », *extrait de* The Book of King Solomon *(« Le livre du roi Salomon »)* *ou* The Key of Knowledge *(« La clé de la connaissance »), (Angleterre, XVIIe siècle)*

BRITISH LIBRARY

Les capes d'invisibilité étant plutôt rares, il est parfois préférable d'avoir recours à d'autres solutions pour devenir invisible. D'après ce chapitre de *The Key of Knowledge* (« La clé de la connaissance »), « Comment préparer une expérience d'invisibilité », réciter l'incantation suivante fonctionnerait :

« Stabbon, Asen, Gabellum, Saneney, Noty, Enobal, Labonerem, Balametem, Balnon, Tygumel, Millegaly, Juneneis, Hearma, Hamorache, Yesa, Seya, Senoy, Henen, Barucatha, Acararas, Taracub, Bucarat, Caramy, en vertu de votre miséricorde envers l'humanité, rendez-moi invisible. »

Ce sortilège d'Invisibilité ayant été maintes fois divulgué, copié et recopié, il en existe plusieurs versions. Attention toutefois en prononçant la formule : nulle part il n'est écrit comment se faire réapparaître !

Activité

La banane magique

Grâce à ce tour, créez l'illusion d'avoir ensorcelé une banane sans l'avoir épluchée !

Il vous faut une banane et une longue aiguille à coudre. Plantez l'aiguille dans la peau de la banane et enfoncez-la le plus possible dans la chair sans toutefois la faire ressortir de l'autre côté. Puis faites bouger l'aiguille de gauche à droite, en veillant à ne pas élargir le trou : de cette manière, vous coupez la chair en rondelles sans peler la banane. Répétez cette étape plusieurs fois pour obtenir plusieurs rondelles. Donnez la banane ainsi préparée à un ami qui ne se doute de rien. Avant qu'il ne l'épluche, agitez vos mains au-dessus du fruit en prononçant votre formule magique favorite. Quand il ôtera la peau, la banane sera déjà coupée en rondelles !

Fruit magique

En quatrième année, Harry, Ron et Hermione apprennent par Fred et George Weasley comment pénétrer dans les cuisines de l'école. La porte qui y mène est dissimulée derrière un tableau figurant une coupe de fruits. Pour l'ouvrir, il suffit de chatouiller la poire, qui se tortille alors en gloussant avant de se transformer en poignée de porte !

Le balai d'Olga Hunt

Les sorcières sont très souvent représentées volant en pleine nuit sur un balai.

La représentation moldue d'une sorcière ne saurait être complète sans un balai volant et, si ridicules que soient ces gravures (aucun des balais dessinés par les Moldus ne pourrait rester en l'air un seul instant), elles nous rappellent que nous nous sommes montrés trop souvent insouciants au cours des siècles. On ne peut donc s'étonner que les balais et la magie soient si intimement liés dans l'esprit des Moldus. Le Quidditch à travers les âges

---

Balai ayant appartenu a Olga Hunt (Angleterre, XXe siècle)
THE MUSEUM OF WITCHCRAFT AND MAGIC

Le lien entre sorcellerie et balai remonte au XVe siècle. Harry et son équipe de Quidditch volent sur des balais modernes et aérodynamiques. Le vieux balai ci-contre, plus traditionnel, a appartenu à une femme ayant réellement existé, Olga Hunt. Les nuits de pleine lune, Olga utilisait ce balai à des fins magiques en bondissant autour des massifs rocheux du Dartmoor (sud-ouest de l'Angleterre) – au grand effroi de ceux qui la croisaient !

Les clés volantes

Il n'y a pas que les balais qui volent dans le monde des sorciers ! Les clés magiques, imaginées par les professeurs de Poudlard pour protéger la Pierre philosophale, volent elles aussi. Pour réaliser les clés en couleurs ci-dessous, Jim Kay a superposé, à l'ordinateur, des couleurs à l'aquarelle sur les clés dessinées au crayon (ci-contre). L'artiste a testé plusieurs formes et couleurs de clés, en cherchant à reproduire le « tourbillon de plumes aux couleurs d'arc-en-ciel » décrit dans *Harry Potter à l'école des sorciers*. Les clés regorgent de détails qui les rendent toutes uniques.

« Ces oiseaux ne sont pas là pour faire joli », fit remarquer Hermione. Ils observèrent les oiseaux qui brillaient au-dessus de leur tête. Qui brillaient… « Ce ne sont pas des oiseaux ! s'écria Harry. Ce sont des clés ! Des clés volantes. Regardez bien. »

Harry Potter à l'école des sorciers

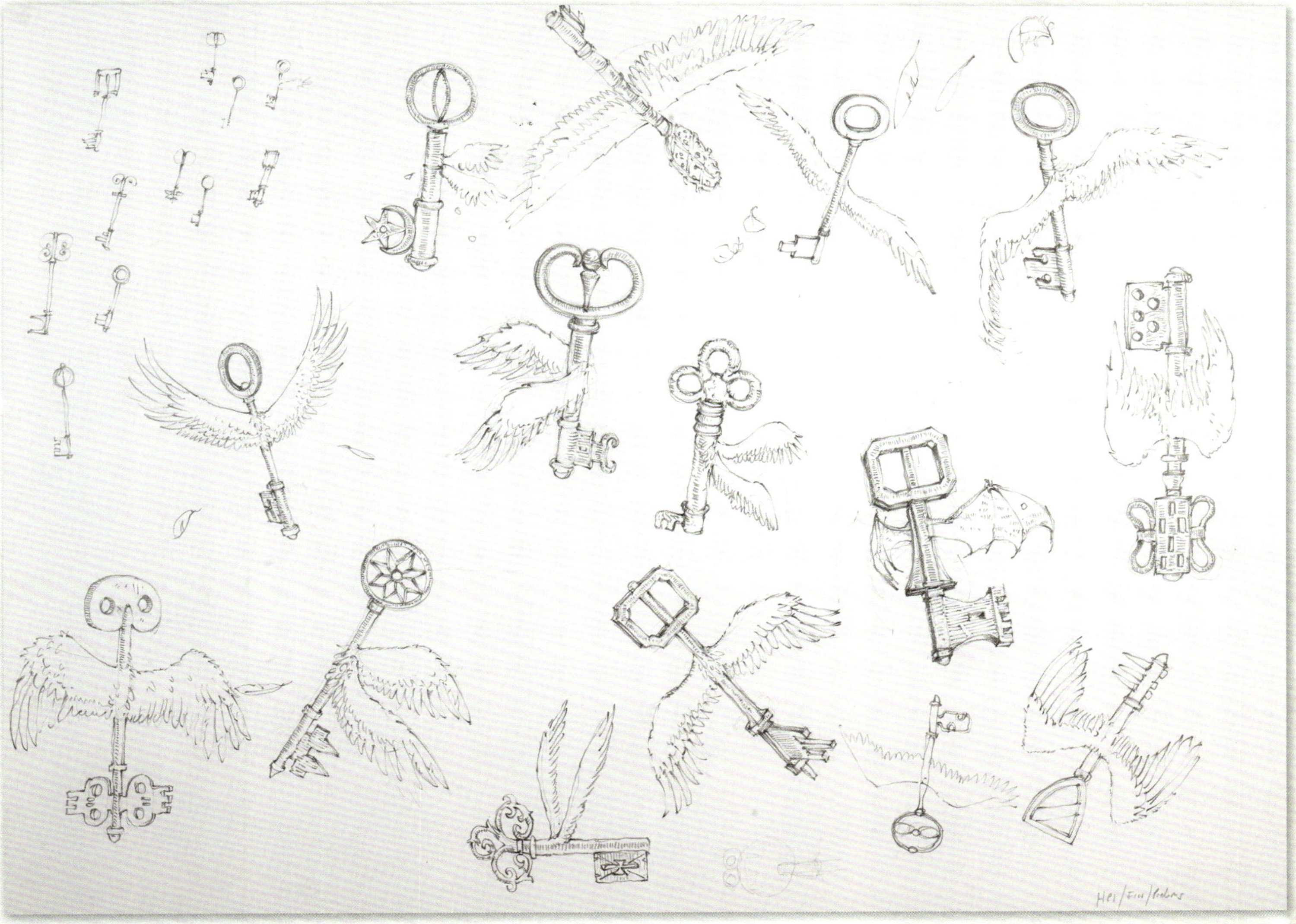

Clés volantes : croquis préparatoires et illustrations finales, par Jim Kay

BLOOMSBURY

HARRY ET DRAGO SUR LEUR BALAI

Il enfourcha le balai, donna un grand coup de pied par terre et s'éleva à toute vitesse. L'air lui sifflait aux oreilles et sa robe de sorcier flottait derrière lui. Il ressentit une joie intense en découvrant soudain qu'il savait faire voler un balai sans avoir eu besoin d'apprendre. C'était quelque chose qui lui paraissait très naturel, très facile, et qui lui donnait une sensation merveilleuse.

HARRY POTTER À L'ÉCOLE DES SORCIERS

LE MONDE MAGIQUE est nouveau et complexe pour Harry quand il arrive à Poudlard. Mais dès sa première leçon de vol, et alors qu'il n'a encore jamais touché un balai, il vole avec un tel naturel que le professeur McGonagall l'emmène immédiatement rencontrer le capitaine de l'équipe de Quidditch de Gryffondor.

Dans cette peinture de Jim Kay, Harry est représenté plissant les yeux sous la pluie, les mains fermement agrippées au balai. En arrière-plan, Drago Malefoy vole dans sa direction.

Harry Potter et Drago Malefoy lors d'un match de Quidditch, par Jim Kay

BLOOMSBURY

ASTRONOMIE

Chaque mercredi soir, ils observaient le ciel au télescope et apprenaient les noms des étoiles ainsi que le mouvement des planètes.

HARRY POTTER À L'ÉCOLE DES SORCIERS

L'ASTRONOMIE EST PROBABLEMENT l'une des sciences les plus anciennes. Elle consiste à étudier la voûte céleste et tout ce qu'elle contient – étoiles, planètes, comètes, galaxies, etc. L'astronomie est une matière importante pour les élèves de Poudlard. Elle a aussi inspiré à J.K. Rowling quelques-uns des noms de ses personnages : il existe en effet des étoiles associées à Bellatrix Lestrange, Sirius Black, pour ne citer qu'eux !

ZOOM

QU'EST-CE QU'UN ASTRONOME ?

Un astronome étudie la voûte céleste. Il utilise les mathématiques pour prédire les mouvements et les emplacements des étoiles et des planètes. Il se sert de télescopes et d'appareils photo numériques très sophistiqués pour observer l'espace. Mais nul besoin de matériel compliqué pour regarder les étoiles ! Levez les yeux : que voyez-vous ?

Il leva la tête et regarda le ciel. « On voit bien Mars, ce soir », remarqua-t-il.

RONAN – HARRY POTTER À L'ÉCOLE DES SORCIERS

AURORA SINISTRA

PROFESSEUR DE : ASTRONOMIE

PHYSIONOMIE : On ne sait pas grand-chose du professeur Sinistra. Elle apparaît pour la première fois dans *Harry Potter et la Chambre des Secrets* mais n'est jamais décrite en détail. Son personnage reste quelque peu mystérieux.

LE SAVIEZ-VOUS ? Aurora Sinistra aide à transporter Justin Finch-Fletchley à l'infirmerie après que lui et Nick Quasi-Sans-Tête ont été retrouvés pétrifiés dans un couloir désert.

Voici quelques-uns des personnages de *Harry Potter* dont les noms sont tirés des étoiles et planètes.

ANDROMEDA TONKS : La galaxie Andromède tient son nom d'une princesse mythologique. Andromède, offerte en sacrifice à une terrible créature marine, est sauvée *in extremis* par Persée, grand pourfendeur de monstres.

BELLATRIX LESTRANGE : Bellatrix (du latin « guerrière ») est la troisième étoile la plus brillante de la constellation d'Orion.

REMUS LUPIN : Lupus est la constellation du Loup. Remus est une des lunes d'un astéroïde.

Listes des matières et des professeurs de Poudlard

Dans ses notes de travail, J. K. Rowling a dressé des listes pour les matières enseignées à Poudlard et les noms possibles des professeurs. Pour Aurora Sinistra, son idée première était Aurelia Sinistra. Les termes latins reviennent souvent dans l'œuvre de l'auteur, notamment dans les noms des personnages et les sortilèges. « Aurora » signifie « aurore » en latin et « Sinistra » veut dire « à gauche ».

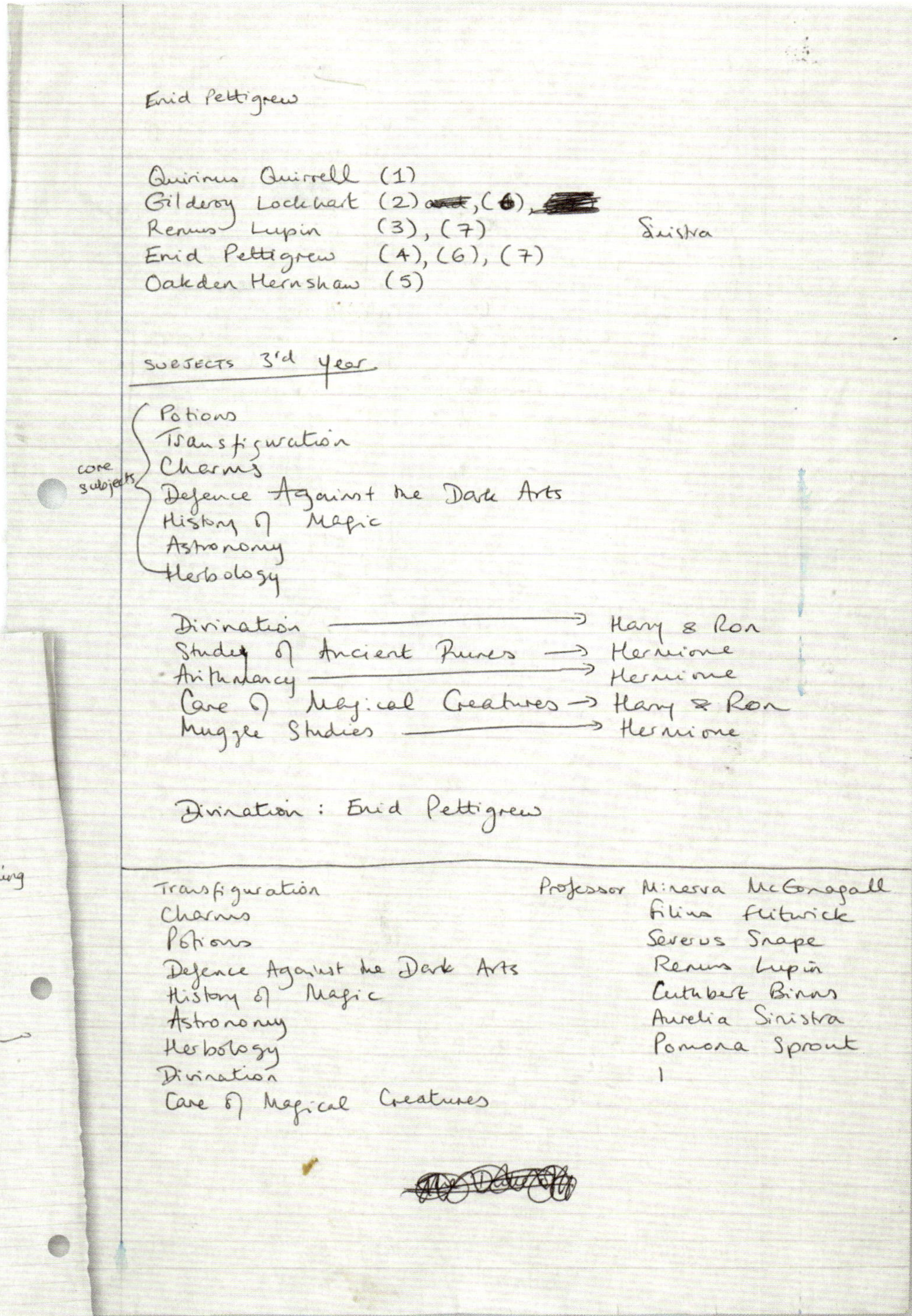

Enid Pettigrew

Quirinus Quirrell (1)
Gilderoy Lockhart (2), (6),
Remus Lupin (3), (7) Sinistra
Enid Pettigrew (4), (6), (7)
Oakden Hernshaw (5)

SUBJECTS 3rd year

core subjects:
Potions
Transfiguration
Charms
Defence Against the Dark Arts
History of Magic
Astronomy
Herbology

Divination → Harry & Ron
Study of Ancient Runes → Hermione
Arithmancy → Hermione
Care of Magical Creatures → Harry & Ron
Muggle Studies → Hermione

Divination : Enid Pettigrew

Transfiguration — Professor Minerva McGonagall
Charms — Filius Flitwick
Potions — Severus Snape
Defence Against the Dark Arts — Remus Lupin
History of Magic — Cuthbert Binns
Astronomy — Aurelia Sinistra
Herbology — Pomona Sprout
Divination
Care of Magical Creatures

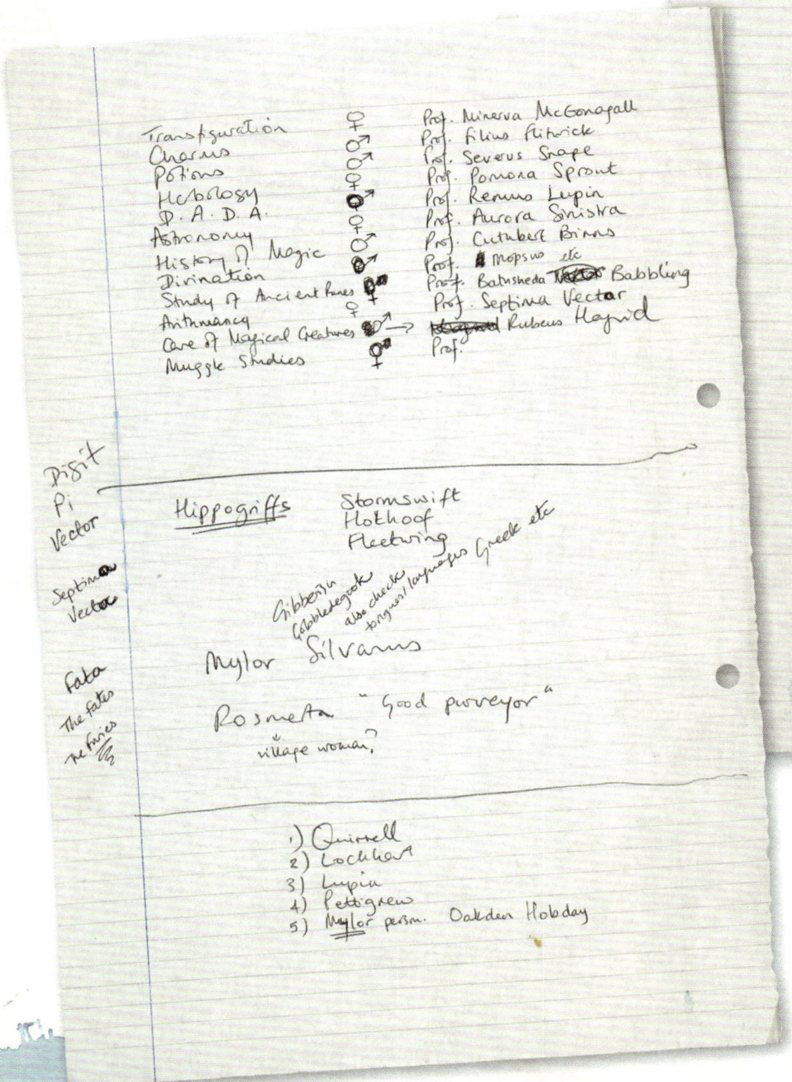

Transfiguration ♀ Prof. Minerva McGonagall
Charms ♂ Prof. Filius Flitwick
Potions ♂ Prof. Severus Snape
Herbology ♀ Prof. Pomona Sprout
D.A.D.A. ♂ Prof. Remus Lupin
Astronomy ♀ Prof. Aurora Sinistra
History of Magic ♂ Prof. Cuthbert Binns
Divination Prof. Mopsus etc
Study of Ancient Runes Prof. Bathsheda Babbling
Arithmancy ♀ Prof. Septima Vector
Care of Magical Creatures → Rubeus Hagrid
Muggle Studies Prof.

Digit
Pi
Vector
Septima Vector
Fata
The Fates
The Furies

Hippogriffs: Stormswift, Hothoof, Fleetwing

Gibberish
Gobbledegook
also check tongues/languages Greek etc

Mylor Silvanus

Rosmerta "good purveyor"
village woman?

1) Quirrell
2) Lockhart
3) Lupin
4) Pettigrew
5) Mylor person. Oakden Hobday

Notes manuscrites de J. K. Rowling listant les matières et les professeurs de Poudlard

J. K. ROWLING

Sirius Black

Depuis la Terre, l'étoile la plus brillante du ciel nocturne est Sirius. Les astronomes l'observent depuis des siècles...

Sous sa forme d'Animagus, Sirius Black prend l'apparence d'un gros chien noir, qui rappelle la constellation du Grand Chien. La planche ci-contre est tirée d'un manuscrit médiéval rédigé en Angleterre il y a neuf cents ans. Il montre la constellation du Grand Chien à laquelle appartient Sirius, étoile visible à l'œil nu. Le texte est un poème extrait de l'œuvre d'un auteur romain, Hygin (Caius Julius Hyginus), mort en 17 ap. J.-C.

Sirius (ou Syrius) dans les Aratea *de Cicéron, avec un extrait de* De Astronomica, *de Hygin*

BRITISH LIBRARY

Activité

Comment trouver Sirius ?

Attendez une nuit sombre et sans nuage, et prenez la ceinture d'Orion comme repère. Sirius se situe dans l'alignement, à gauche, des trois étoiles qui composent la ceinture d'Orion. Vous n'aurez pas de difficulté à reconnaître cette étoile : elle est la plus brillante du ciel nocturne !

Orion

... Harry vit quelque chose qui détourna aussitôt son attention : sur le plus haut gradin, vide de spectateurs, la silhouette d'un énorme chien noir et hirsute se détachait nettement contre le ciel.

Harry Potter et le prisonnier d'Azkaban

Sirius Black sous sa forme d'Animagus, par Jim Kay
BLOOMSBURY

Le centaure anglo-saxon

Dans la clairière apparut alors... était-ce un homme, était-ce un cheval ? Jusqu'à la taille, c'était un homme, mais au-dessous, c'était un cheval, couleur noisette, avec une longue queue aux reflets rougeâtres.

Harry Potter à l'école des sorciers

Zoom

Les étoiles et les constellations ont toutes des noms différents, dont l'histoire et le sens sont souvent passionnants. Voici quelques-unes des constellations animales qui peuplent le ciel.

L'Oiseau de Paradis
L'Aigle
Le Bélier
La Girafe
Le Cancer
Les Chiens de Chasse
Le Capricorne (ou la Chèvre)

Le Capricorne, dans les Aratea *de Cicéron*
BRITISH LIBRARY

La constellation du Sagittaire est souvent représentée sous la forme d'un centaure, une créature mythologique mi-homme mi-cheval. Son nom vient d'un mot latin qui signifie «archer». Dans le manuscrit anglo-saxon ci-dessus, réalisé peu avant l'invasion de l'Angleterre par les Normands en 1066, le Sagittaire pointe sa flèche vers le Capricorne. Les étoiles sont symbolisées par des globes orangés qui, reliés, font apparaître les formes du Capricorne (chèvre) et du Sagittaire (centaure).

Les centaures de J. K. Rowling apparaissent pour la première fois dans *Harry Potter à l'école des sorciers*. Harry y rencontre Ronan et Bane, qui lisent l'avenir dans les mouvements des planètes. Dans *Harry Potter et l'Ordre du Phénix*, le centaure Firenze devient professeur de divination.

Le Sagittaire, dans les Aratea *de Cicéron*
BRITISH LIBRARY

Le saviez-vous ?
Ce manuscrit a échappé de peu à un incendie. Malheureusement, les flammes ont tout de même roussi le bord des pages… Si seulement un centaure avait pu prévenir du danger !

Les centaures

Les centaures sont issus de la mythologie grecque. Ils allient la force du cheval à l'intelligence de l'homme.

Avec les centaures, impossible d'obtenir une réponse claire, dit Hagrid. Ils passent leur temps à regarder les étoiles, ces imbéciles. Rien ne les intéresse si ça ne se passe pas au moins sur la lune.

Harry Potter à l'école des sorciers

Au fil des siècles, on a expliqué l'existence de ces créatures de plusieurs manières. Pour certains, elles résulteraient de l'union entre un géant et une jument, pour d'autres elles auraient un lien avec une ancienne famille de géants, les Titans. Entrés en guerre contre les dieux, ces géants auraient été vaincus et, pour les punir, leurs membres inférieurs auraient été transformés en jambes de cheval.

ASTROLABE ARABE

AVANT LES ORDINATEURS, avant le numérique, les astronomes avaient à leur disposition divers outils pour observer et cartographier le ciel étoilé.

Outre les livres, la baguette et le chaudron, les élèves de première année doivent se procurer un télescope. Harry Potter en achète un en cuivre et pliable sur le Chemin de Traverse.

Les plus passionnés se procurent du matériel plus sophistiqué – un astrolabe, par exemple.

Chiffres arabes incrustés dans l'argent

Astrolabe découvert en Syrie (XIIIe siècle)

BRITISH MUSEUM

> *Fournitures*
> *1 baguette magique*
> *1 chaudron (modèle standard en étain, taille 2)*
> *1 boîte de fioles en verre ou en cristal*
> *1 télescope*
> *1 balance en cuivre*
>
> HARRY POTTER À L'ÉCOLE DES SORCIERS

Inventé par les Grecs, l'astrolabe est une carte en deux dimensions de la voûte céleste. Il permettait d'identifier les étoiles et les planètes et de déterminer les latitudes.

L'astrolabe était aussi utile pour trouver la direction de La Mecque, vers laquelle les musulmans se tournent pour prier. Cet exemplaire finement décoré est en cuivre incrusté d'argent.

« Bienvenue sur le Chemin de Traverse », dit Hagrid.

HARRY POTTER À L'ÉCOLE DES SORCIERS

Le miroir d'Uranie

Tout astronome devrait avoir sous la main *Urania's Mirror; or, a View of the Heavens* (Le Miroir d'Uranie) – un aspect du ciel en trente-deux cartes astronomiques.

Chaque carte est perforée de trous proportionnels à la taille des étoiles les plus brillantes du ciel. Placée devant une source de lumière, la carte donne une idée réaliste de ce à quoi ressemble chaque constellation.

Urania's Mirror (Le Miroir d'Uranie) : *intérieur du coffret (Londres, 1834)* BRITISH LIBRARY

Un tronçon du Chemin de Traverse, par Jim Kay
BLOOMSBURY

Le saviez-vous ?
Le Draco («dragon» en latin) est un genre de lézard également appelé «dragon volant».

Lorsqu'ils arrivèrent au sommet de la tour d'astronomie, à onze heures du soir, la nuit paisible et sans nuages était parfaite pour observer les étoiles.

Harry Potter et l'Ordre du Phénix

Les deux constellations illustrées ci-dessous sont celles du Dragon et de la Petite Ourse, représentées par un dragon et un ours. Le Dragon, l'une des premières constellations découvertes, a donné son nom à l'ennemi juré de Harry, Drago Malefoy.

Urania's Mirror (Le Miroir d'Uranie) : *cartes des constellations*
BRITISH LIBRARY

La latitude de la Lune

Pierre Apian, ou Petrus Apianus (1495-1522), fils de cordonnier, était un brillant astronome, mathématicien et imprimeur allemand. Il a créé un livre remarquable (*L'Astronomie des Césars*, en français) contenant une série d'instruments pivotants en papier, appelés « volvelles ». La rotation des disques autour de leur axe reproduit le mouvement des planètes.

La volvelle présentée ci-contre permet de déterminer la latitude de la Lune. Le dragon dessiné au centre (et dont la tête ressemble à celle d'un rat) peut être orienté vers les différents signes du zodiaque, inscrits en bordure du cercle. Les volvelles étaient parfois utilisées pour écrire des horoscopes, ce qui montre que la distinction entre astrologie et astronomie était encore assez floue au XVIe siècle.

Zoom

Qu'est-ce que l'astrologie ?

L'astrologie est l'étude du mouvement et de la position des objets célestes visibles dans le ciel nocturne. Pour certains, ces objets ont une influence sur le comportement humain et les événements terrestres.

Astronomicum Caesareum (*titre latin de* L'Astronomie des Césars), *Ingolstadt*, 1540

BRITISH LIBRARY

Le saviez-vous ?

Le zodiaque désigne la zone du ciel occupée par le Soleil au moment de votre naissance. Il y a douze signes différents, chacun étant associé à un mois – Bélier, Taureau, Gémeaux, Cancer, Lion, Vierge, Balance, Scorpion, Sagittaire, Capricorne, Verseau et Poissons.

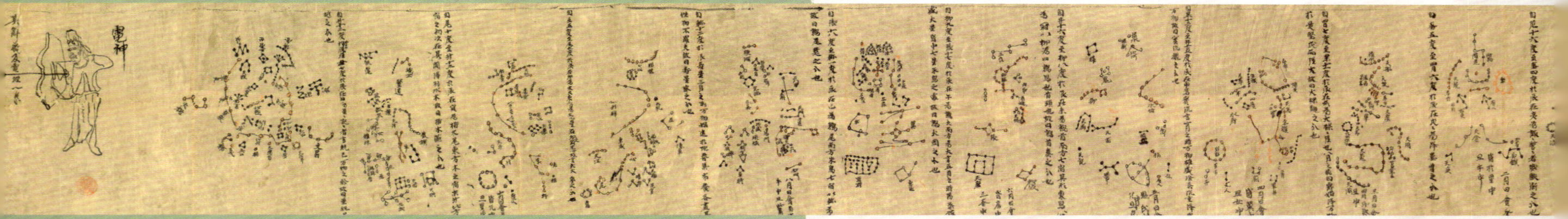

LE PLUS VIEIL ATLAS DU CIEL

Le fin rouleau de papier déroulé en pied de page est la plus ancienne carte des étoiles connue à ce jour. Découvert en Chine par Aurel Stein en 1907, cet atlas du ciel miraculeusement préservé reproduit plus de mille trois cents étoiles visibles à l'œil nu dans l'hémisphère Nord, des siècles avant l'invention du télescope.

« Je sais qu'au cours d'astronomie, vous avez appris les noms des planètes et de leurs lunes, poursuivit la voix calme de Firenze, et que vous avez relevé la trajectoire des étoiles dans les cieux. »

HARRY POTTER ET L'ORDRE DU PHÉNIX

En Chine, à l'époque où cet atlas a été réalisé (vers 700 ap. J.-C.), on pensait que le mouvement des étoiles avait une influence directe sur les actions de l'empereur et de la cour. Une éclipse solaire, par exemple, était le signe d'une invasion imminente. Les trois couleurs utilisées (noir, rouge et blanc) représentent les étoiles identifiées par les astronomes chinois de l'Antiquité, plus de mille ans avant la création de cet atlas.

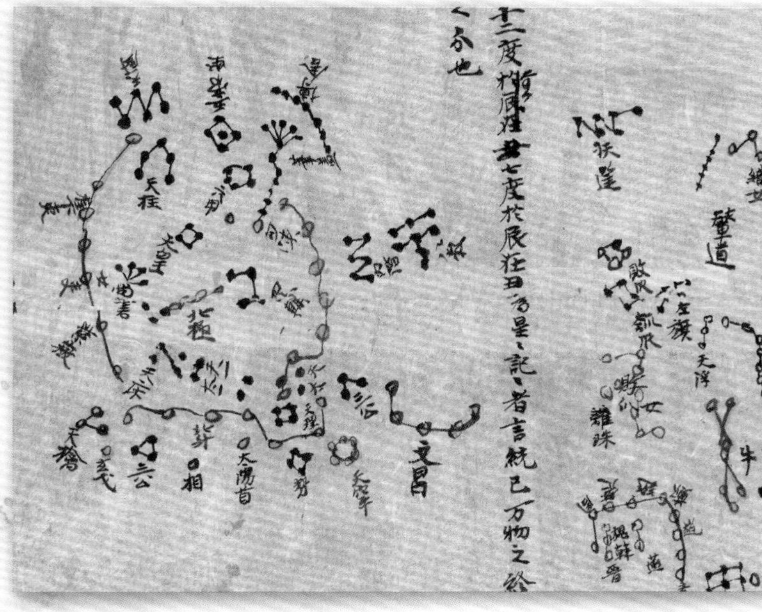

Carte de Dunhuang, le plus ancien atlas astronomique du monde (Chine, vers 700 ap. J.-C.)

BRITISH LIBRARY

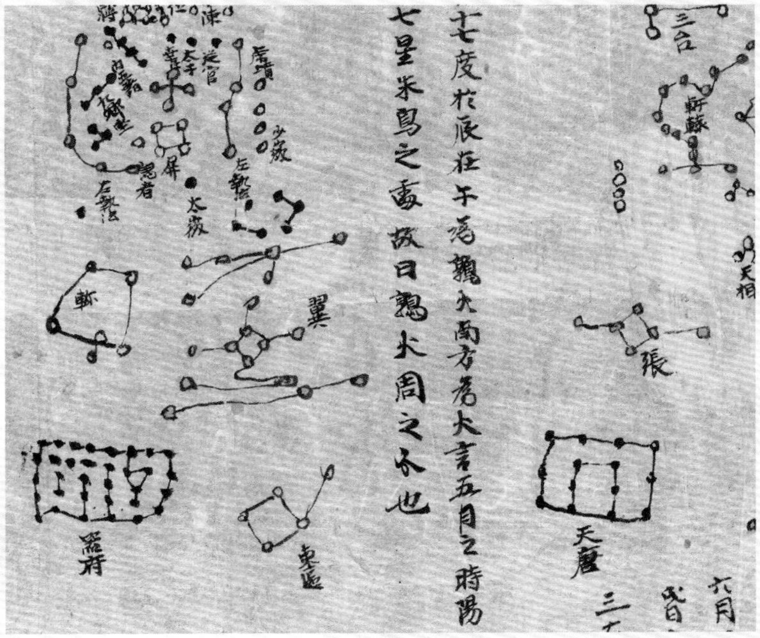

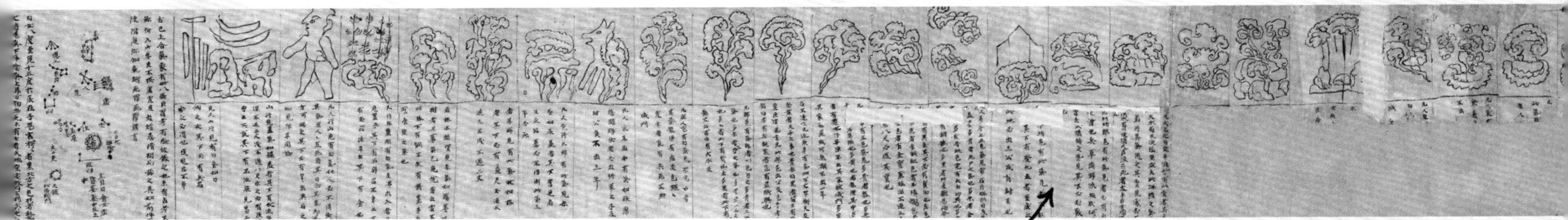

Cet atlas antique a une longueur totale de 394 cm

Léonard de Vinci et la Lune

Léonard de Vinci, inventeur, scientifique et artiste, avait plusieurs siècles d'avance sur son temps. Il a rédigé un nombre incalculable de notes en miroir (de droite à gauche) ! Ci-dessous, au centre, il a schématisé la réflexion de la lumière selon l'alignement du Soleil, de la Lune et de la Terre.

Vinci était persuadé que la Lune était recouverte d'eau et que sa surface réfléchissait la lumière solaire, elle-même réfléchie par les océans terrestres, tel un miroir convexe.

Notes et schémas astronomiques tirés des carnets de Léonard de Vinci (Italie, XVIe siècle)

BRITISH LIBRARY

Le saviez-vous ?

La Terre n'est pas la seule planète du système solaire à avoir une lune. Jupiter en a 67 !

« *Pour l'homme le plus heureux de la terre, le Miroir du Riséd ne serait qu'un miroir ordinaire, il n'y verrait que son reflet. [...] [Le miroir] ne nous montre rien d'autre que le désir le plus profond, le plus cher, que nous ayons au fond de notre cœur.* »

Professeur Dumbledore – Harry Potter à l'école des sorciers

Activité

Écriture secrète

L'inscription ci-dessous est gravée sur le Miroir du Riséd, que Harry découvre dans *Harry Potter à l'école des sorciers*. Recopiez une à une les lettres de la phrase mystérieuse sur une feuille de papier en commençant par la dernière lettre, puis en remontant vers la gauche pour découvrir ce qu'elle signifie !

« *riséd elrue ocnot edsi amega siv notsap ert nomen ej* »

Harry Potter à l'école des sorciers

Réponse : *Je ne montre pas ton visage mais de ton cœur le désir.*

DIVINATION

« Vous avez donc choisi d'étudier la Divination, le plus difficile des arts magiques. Je dois vous avertir dès le début que si vous n'avez pas le don de double vue, il y a peu de chance que je puisse vous enseigner quoi que ce soit. »

PROFESSEUR TRELAWNEY – HARRY POTTER ET LE PRISONNIER D'AZKABAN

CEUX QUI PRATIQUENT la divination cherchent à connaître le futur et l'inconnu. L'art divinatoire est pratiqué depuis des siècles par de multiples civilisations et de diverses manières. Outre la chiromancie, les boules de cristal, les cartes et les feuilles de thé, les voyants utilisent une foule d'autres méthodes pour prédire l'avenir !

PROPHÉTIES

Les prophéties du professeur Trelawney sont conservées dans des globes de verre au Département des mystères, un lieu top-secret du ministère de la Magie. Seuls ceux qui font l'objet d'une prophétie peuvent les toucher.

SYBILLE TRELAWNEY

PROFESSEUR DE : DIVINATION

PHYSIONOMIE : Le professeur Trelawney est très mince avec de grandes lunettes qui agrandissent considérablement ses yeux. Elle porte un châle sur les épaules, de nombreuses chaînes et colliers de perles autour du cou ainsi que d'innombrables bagues et bracelets aux doigts et aux poignets.

LE SAVIEZ-VOUS ? Sibylle Trelawney est l'arrière-arrière-petite-fille de la grande voyante Cassandra Trelawney. Une voyante, ou devineresse, est une personne supposée capable de voir le futur et de prédire les événements à venir. Sibylle et Cassandra sont deux prénoms en lien avec la voyance : les sibylles désignaient autrefois les femmes capables de voir l'avenir, tandis que Cassandre était une voyante grecque, à qui Apollon avait attribué le don de prophétie.

Portrait du professeur Sibylle Trelawney, par Jim Kay

BLOOMSBURY

ZOOM

PRÉDIRE L'AVENIR

Les hommes tentent de prévoir l'avenir depuis des milliers d'années. Certains ont recours à des méthodes originales : interprétation des nuages, des vols d'oiseaux, des entrailles ou du foie d'animaux sacrifiés. Il existe même une technique, appelée métoposcopie, qui prédit le futur d'une personne en étudiant ses grains de beauté !

La mère Shipton

L'illustration ci-contre provient d'un ouvrage, publié en 1797, qui recense les prédictions d'une prophétesse du Yorkshire (Angleterre), Mother Shipton («la mère Shipton»). Personne ne sait si celle-ci a vraiment existé et on ne sait presque rien de sa vie, mais on l'a dotée d'un long nez crochu et d'un menton poilu et en galoche. En plus de voir l'avenir, la légende raconte qu'elle pouvait léviter.

La prophétie la plus célèbre de Mother Shipton eut lieu en 1530 : elle avait prédit que le cardinal Wolsey, l'archevêque d'York, verrait la ville d'York sans jamais l'atteindre. Wolsey a aperçu York depuis un château voisin mais a ensuite été arrêté et emmené à Londres et n'a donc, comme annoncé par la prophétesse, jamais atteint la ville.

Aujourd'hui, Mother Shipton est surtout connue pour sa ville natale, Knaresborough, qui abrite un puits célèbre, le Dropping Well. On racontait que l'eau de ce puits, réputée magique, transformait les objets en pierre en l'espace de quelques semaines.

Le saviez-vous ?

Le Dropping Well ne transforme pas réellement les objets en pierre. Son eau, cependant, contient de nombreux minéraux. Si elle ruisselle longuement sur un objet, l'eau finit par s'évaporer mais les minéraux restent, formant une sorte de croûte semblable à de la pierre.

Extrait de Wonders!!! Past, Present, and to come; being the strange prophecies and uncommon predictions of the famous Mother Shipton *(Londres, 1797)*

BRITISH LIBRARY

Le Miroir de sorcière

Il existe une technique de voyance qui permet, par le biais d'un miroir ou de toute autre surface réfléchissante, de percevoir des images du passé, du présent ou du futur : c'est la catoptromancie (du grec *kátoptron*, « miroir »).

Le miroir ci-contre a appartenu à la sorcière Cecil Williamson (1909-1999). Cette dernière mettait en garde ceux qui s'y contemplaient : « Si soudain vous apercevez quelqu'un derrière vous, quoi que vous fassiez, ne vous retournez pas. »

Le Miroir du Riséd (que Harry découvre dans *Harry Potter à l'école des sorciers*) a beau être un miroir, il ne sert pas à pratiquer la voyance mais à révéler les désirs les plus profonds de celui qui s'y regarde.

« Ça ne fait pas grand bien de s'installer dans les rêves en oubliant de vivre, souviens-toi de ça. »

Professeur Dumbledore – Harry Potter à l'école des sorciers

Miroir de sorcière en bois

THE MUSEUM OF WITCHCRAFT AND MAGIC

LES BOULES DE CRISTAL

« Lire l'avenir dans le cristal est un art particulièrement raffiné, poursuivit le professeur Trelawney […]. Je ne m'attends pas à ce que vous distinguiez quoi que ce soit lorsque vous plongerez pour la première fois dans les profondeurs infinies de la Sphère. Nous allons commencer par détendre notre perception consciente et nos yeux externes. Nous permettrons ainsi à notre Troisième Œil et à notre conscience supérieure de s'ouvrir. Si nous avons de la chance, certains d'entre vous verront peut-être quelque chose avant la fin du cours. »

PROFESSEUR TRELAWNEY – HARRY POTTER ET LE PRISONNIER D'AZKABAN

LA CRISTALLOMANCIE, pour employer le terme savant, remonte au Moyen Âge. La boule de cristal reste l'un des instruments de divination les plus connus.

Cette grosse boule de cristal est typique des globes utilisés au XXe siècle. Son support, très travaillé, figure trois griffons au pied d'une colonne de style égyptien.

Boule de cristal sur pied

THE MUSEUM OF WITCHCRAFT AND MAGIC

Il régnait une chaleur étouffante et une bouilloire de cuivre, chauffée par les flammes d'une cheminée au manteau encombré d'objets divers, répandait un étrange et capiteux parfum qui donnait presque la nausée.

HARRY POTTER ET LE PRISONNIER D'AZKABAN

Smelly Nelly («Nelly la puante»), qui utilisait la boule de cristal noir ci-dessous, avait un penchant pour les parfums très prononcés : selon elle, l'odeur attirait les esprits qui l'aidaient à prédire le futur. La sorcière utilisait sa boule noire la nuit, de manière à pouvoir y lire le reflet de la lune. Un témoin ayant assisté à la scène raconte : «On la sentait à un kilomètre à la ronde» ; voir «la pleine lune, Smelly Nelly et son cristal [était] une sacrée expérience !»

Une boule de cristal noir

THE MUSEUM OF WITCHCRAFT AND MAGIC

LES OS ORACULAIRES CHINOIS

Les os oraculaires correspondent à un rituel divinatoire de l'Antiquité chinoise. Ils étaient gravés de questions relatives à la guerre, à l'agriculture et aux catastrophes naturelles. Les devins les soumettaient à la chaleur à l'aide d'une tige en métal puis interprétaient les craquelures ainsi provoquées pour obtenir les réponses aux questions posées.

L'os ci-dessous est gravé de caractères datant de la dynastie Shang, la plus ancienne forme d'écriture chinoise. L'inscription indique qu'aucun malheur ne sera à déplorer au cours des dix prochains jours. Le caractère «lune» (*yue*, en chinois moderne) est visible en haut, au centre. Au verso de l'os est racontée une éclipse lunaire que les experts font remonter au 27 décembre de l'an 1192 av. J.-C. L'obscurité provoquée par l'éclipse était perçue comme un mauvais présage, signalant qu'un esprit ancestral exigeait d'être apaisé.

LE SAVIEZ-VOUS ?

Les os oraculaires chinois étaient généralement fabriqués à partir d'une omoplate de bœuf ou de la partie ventrale d'une carapace de tortue.

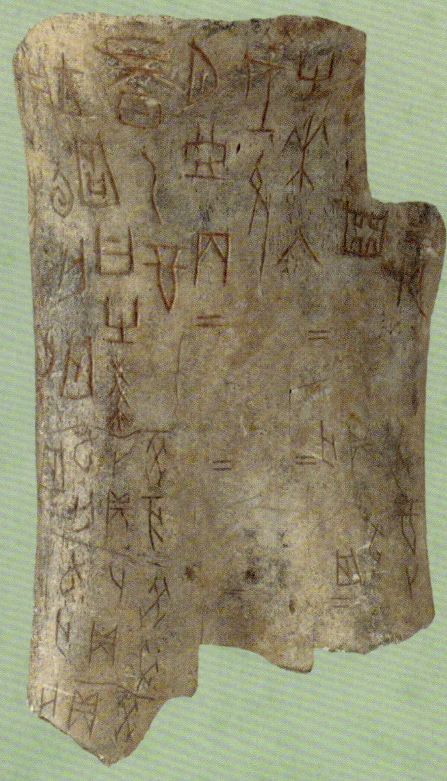

Os oraculaire (Chine, 1192 av. J.-C.)

BRITISH LIBRARY

Manuel de divination thaïlandais

Au XIXe siècle, les habitants du Siam (l'actuelle Thaïlande) consultaient des *mor doo* – des voyants spécialisés dans les prophéties amoureuses. Ce manuel de divination, ou *phrommachat*, contient des horoscopes basés sur le zodiaque chinois ainsi que des illustrations des douze signes et de leurs attributs (terre, bois, feu, fer, eau).

Chaque page est suivie d'une série de peintures qui symbolisent le destin d'un individu selon certaines circonstances. L'artiste anonyme a porté une grande attention aux moindres détails de ses vignettes – expression du visage, position des mains, langage corporel, vêtements et bijoux soigneusement reproduits. Détail amusant, le manuscrit décrit les constellations de bon et de mauvais augure pour les couples en prenant en compte leurs caractères et leurs horoscopes !

Manuel de divination thaïlandais (Siam, XIXe siècle)

BRITISH LIBRARY

Le zodiaque chinois

Le zodiaque chinois suit un cycle de douze ans, chaque année correspondant à un animal différent – toujours dans le même ordre. C'est le rat qui inaugure chaque nouveau cycle.

Chaque animal possède des caractéristiques qui sont supposées affecter les personnes nées durant son année. Par exemple, les gens nés sous le signe du coq sont dits honnêtes, ambitieux et intelligents. Ceux nés sous le signe du singe seraient doux, honnêtes et vifs d'esprit.

De nombreux récits viennent expliquer le choix de ces douze animaux. L'un d'eux raconte qu'un grand empereur avait déclaré qu'il donnerait aux années le nom des animaux selon l'ordre dans lequel ils arriveraient au palais.

Signes du zodiaque

RAT

BŒUF

TIGRE

LAPIN

DRAGON

SERPENT

CHEVAL

CHÈVRE

SINGE

COQ

CHIEN

COCHON

Les animaux devaient, pour rejoindre le palais, franchir une rivière. Ceux qui savaient nager se sont jetés dans l'eau. Le rat et le chat, ne sachant pas nager, ont sauté sur le dos du bœuf. Juste avant d'atteindre la rive, le rat a poussé le chat dans l'eau et a couru pour arriver le premier ; c'est pourquoi il n'y a pas d'année du chat !

La divination par les cartes

[…] il vit apparaître le professeur Trelawney à l'angle d'un mur. Elle marmonnait toute seule et battait un jeu de cartes crasseuses qu'elle examinait en marchant.

« Deux de pique : conflit, murmura-t-elle, en arrivant devant l'endroit où Harry, accroupi, s'était réfugié. Sept de pique : mauvais augure. Dix de pique : violence. Valet de pique : un jeune homme brun, peut-être un peu troublé, qui n'aime pas la consultante… »

Harry Potter et le Prince de Sang-Mêlé

La cartomancie est une forme de divination qui utilise les cartes. Bien qu'on ait longtemps utilisé des cartes à jouer pour prédire l'avenir, ce paquet serait le premier spécialement conçu pour la divination. Il a été créé au XVIIIe siècle par un spécialiste des cartes, John Lenthall (1683-1762), et propose une manière de procéder inhabituelle.

Paquet de cartes de divination (Londres, vers 1745-1756)

British Museum

Ici, les rois soulèvent des questions dont les réponses prennent la forme de rimes mystérieuses. Chaque carte porte le nom d'un astronome, voyant ou magicien célèbre, comme Merlin, Faust ou Nostradamus, dans l'espoir qu'en étant associés à l'astrologie et à la divination, ces illustres individus renforcent la confiance portée aux prédictions par les cartes.

Zoom

- Merlin est le magicien légendaire qui conseillait le roi Arthur.
- Faust est le héros d'un conte allemand qui livre son âme au diable, en échange de connaissances et de plaisirs sans limites.
- Nostradamus a réellement existé : ce médecin français a publié un livre de prophéties en 1555.

La chiromancie

Le professeur Trelawney leur apprenait à présent à lire les lignes de la main et elle ne tarda guère à informer Harry qu'il possédait la ligne de vie la plus courte qu'elle eût jamais vue.

Harry Potter et le prisonnier d'Azkaban

La chiromancie est une méthode ancienne de divination qui utilise la forme et les lignes de la main pour prédire l'avenir. Sa pratique s'est répandue en Europe de l'Ouest au XIIe siècle, sous l'influence orientale.

Le manuscrit médiéval dont provient l'illustration ci-contre rassemble plusieurs écrits sur cette méthode divinatoire. Il y a dans chaque main trois lignes naturelles, qui forment un « triangle ». Sur cette main droite sont tracés les lignes naturelles et d'autres sillons secondaires. Sur l'une des lignes verticales, on peut lire : « Cette ligne représente l'amour. » Celle, verticale, qui descend entre l'index et le majeur est moins joyeuse : « Cette ligne indique une mort sanglante et, si la ligne atteint le milieu du doigt, une mort soudaine. » D'autres lignes prédisent, dit-on, les maladies, comme les problèmes oculaires ou la peste, et les traits de personnalité, comme le courage.

Lecture des lignes de la main, extrait d'un manuel de divination (Angleterre, XIVe siècle)

BRITISH LIBRARY

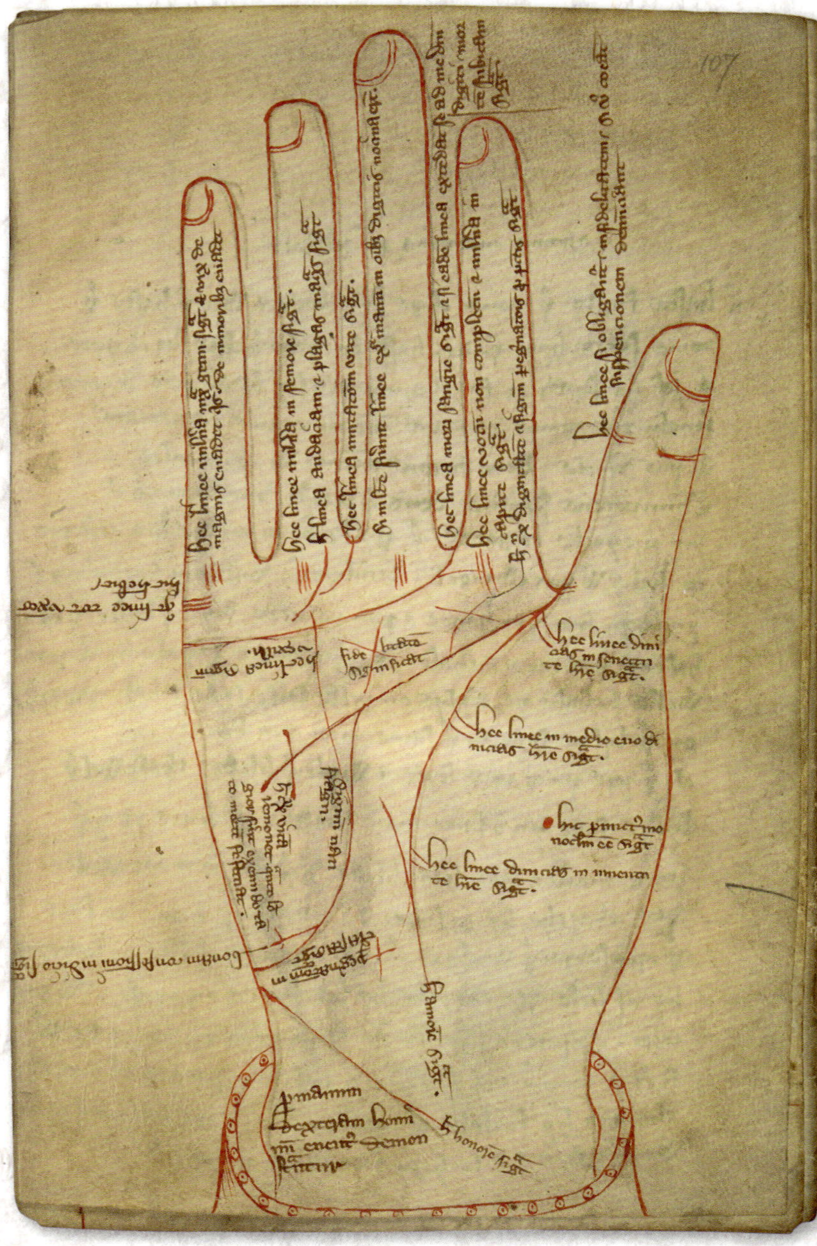

Enfin pour parfaire le fiasco, [Harry] confondit ligne de vie et ligne de tête lorsqu'il lui examina la main et l'informa qu'elle aurait dû mourir le mardi précédent. Harry Potter et l'Ordre du Phénix

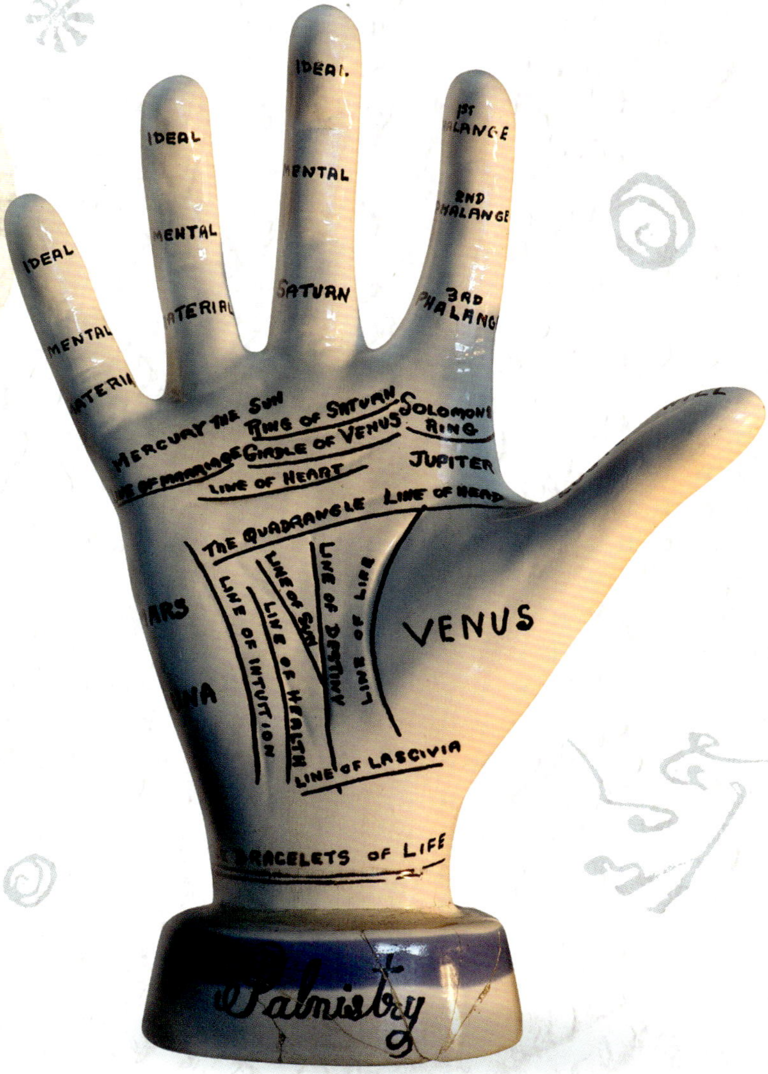

Cette main de chiromancie en céramique montre les lignes et les monts de la main et du poignet, ainsi que quelques-unes de leurs significations. En Grande-Bretagne, ce type de main a commencé à être commercialisé dans les années 1880. À cette époque, la chiromancie grandit en popularité grâce au travail du célèbre astrologue William John Warner (1866-1936), également connu sous les noms de Cheiro ou Count Louis Hamon. Warner a eu plusieurs clients célèbres, comme Oscar Wilde ou le prince de Galles, à qui il fit des prédictions privées.

Main de chiromancie

THE MUSEUM OF WITCHCRAFT AND MAGIC

Activité

Pour bien lire les lignes de votre main, créez une empreinte à taille réelle de votre main droite : les lignes seront plus faciles à retrouver. Pour ce faire, plaquez votre paume et vos doigts sur un large tampon encreur jusqu'à ce qu'ils soient bien couverts d'encre, puis pressez-les fermement sur un morceau de papier blanc en les enlevant aussitôt après. Pressez à nouveau votre main sur une autre feuille (il y a parfois trop d'encre sur le premier essai). Vous verrez clairement apparaître les lignes de votre main. Parviendrez-vous à retrouver sur l'empreinte les quatre grandes lignes que sont celles du cœur, de la tête, de la vie et du destin ?

1) Ligne de cœur
2) Ligne de tête
3) Ligne du destin
4) Ligne de vie

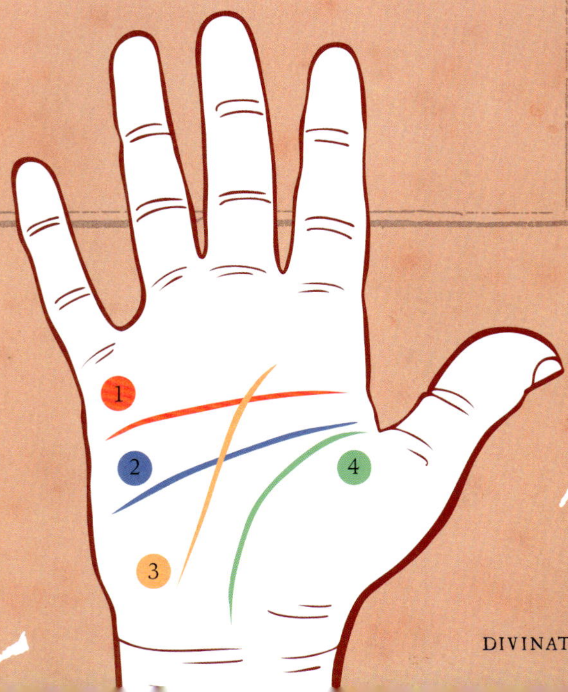

Les feuilles de thé

La tasséographie – du français «tasse» et du grec «*graph*», écriture – utilise les résidus laissés dans une tasse – le plus souvent, des feuilles de thé.

Ces pages sont extraites d'un court ouvrage sur la divination dans les feuilles de thé, qui fait remonter la tasséographie à 229 av. J.-C. Cette année-là, une princesse chinoise rejette les prédictions astrologiques en faveur d'une nouvelle technique de lecture des feuilles de thé que lui présente un étudiant. L'ouvrage dresse une liste des formes laissées par les feuilles dans le fond d'une tasse afin de mieux les décoder. Certaines sont particulièrement difficiles à différencier – c'est le cas des n°s 38 et 42, qui signifient «Vous allez rencontrer un étranger» et «Vous allez vous faire un ennemi». Certaines prédictions sont assez générales et d'autres étrangement spécifiques, comme la n° 44: «Vous allez vous intéresser à la marine»!

How to Read the Future with Tea Leaves *(« Comment lire l'avenir dans les feuilles de thé »), traduit du chinois par Mandra (Stamford, vers 1925)*

BRITISH LIBRARY

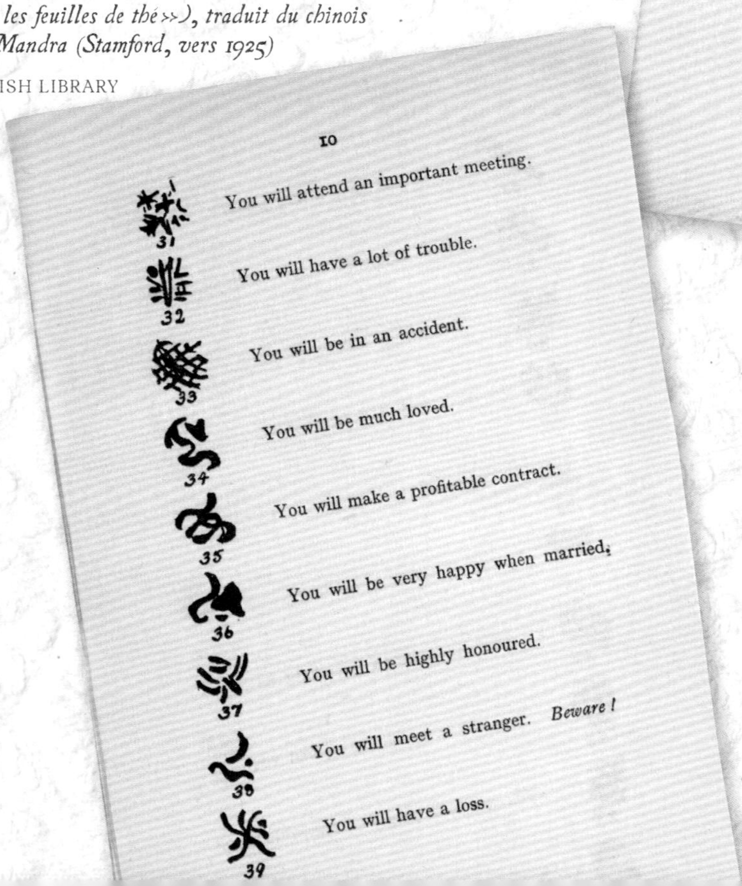
10

31 You will attend an important meeting.

32 You will have a lot of trouble.

33 You will be in an accident.

34 You will be much loved.

35 You will make a profitable contract.

36 You will be very happy when married.

37 You will be highly honoured.

38 You will meet a stranger. *Beware!*

39 You will have a loss.

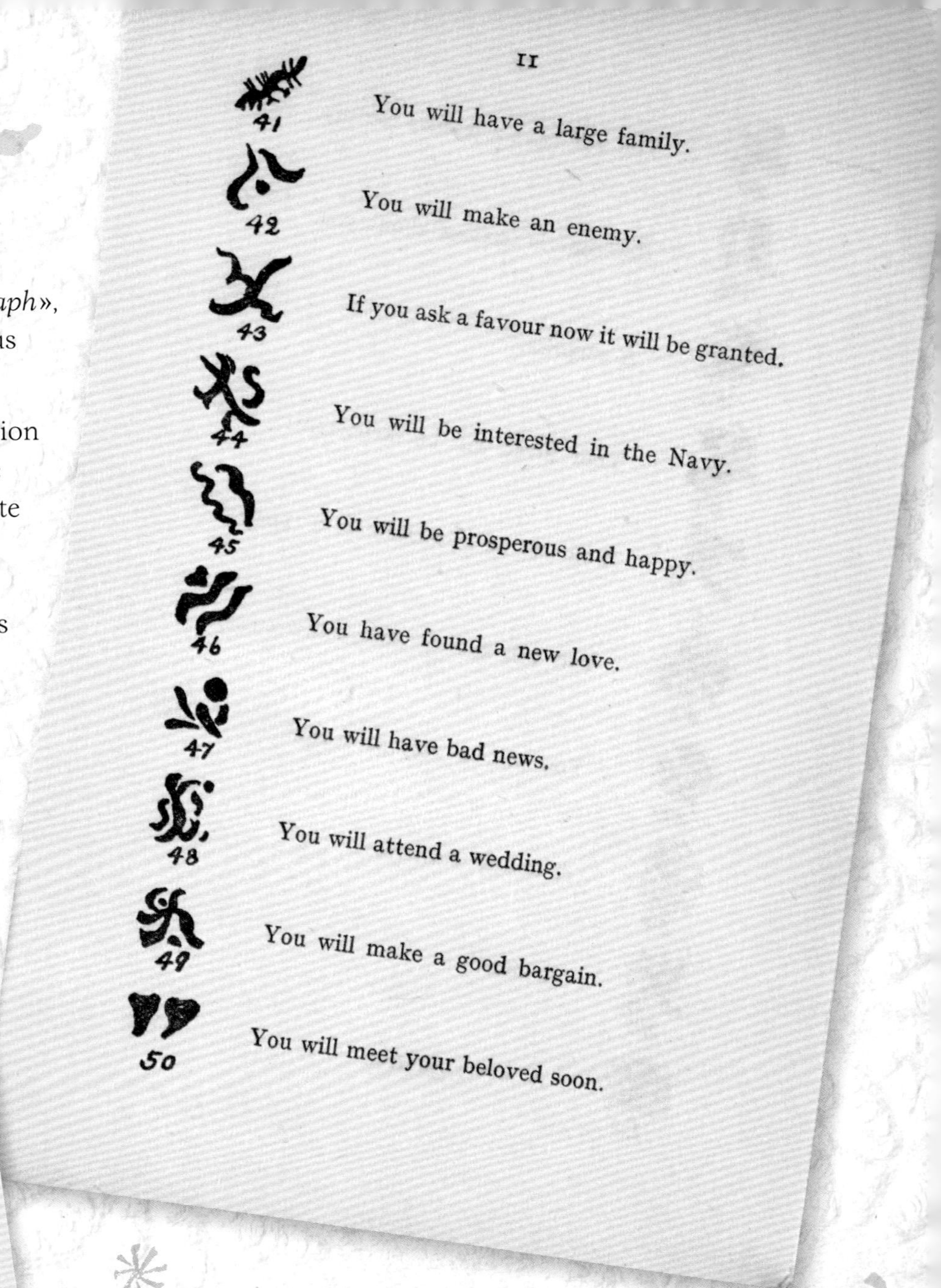
11

41 You will have a large family.

42 You will make an enemy.

43 If you ask a favour now it will be granted.

44 You will be interested in the Navy.

45 You will be prosperous and happy.

46 You have found a new love.

47 You will have bad news.

48 You will attend a wedding.

49 You will make a good bargain.

50 You will meet your beloved soon.

En Europe, les premières traces de tasséographie remontent au XVIIe siècle, quand le thé commence à être importé de Chine. L'emplacement et la forme des feuilles dans la tasse symbolisent différentes choses. La tasse de divination rose, page ci-contre, a été conçue dans les années 1930 par Paragon, un fabricant de porcelaine du Staffordshire (Angleterre). À l'intérieur sont peints des symboles aidant à l'interprétation des feuilles, ainsi qu'une citation: «Je vois bien des choses curieuses quand je lis votre avenir dans le thé.»

« Il y a une vague forme de croix », dit-il en consultant son livre. « Ça veut dire que tu vas connaître "des épreuves et des souffrances", désolé, mais il y a autre chose qui pourrait bien être un soleil. Alors, attends, je regarde… Ça veut dire "un grand bonheur"… Donc tu vas souffrir, mais tu seras très heureux… »

RON – HARRY POTTER ET LE PRISONNIER D'AZKABAN

Tasse de divination avec sous-tasse, fabriquées par Paragon (Stoke-on-Trent, vers 1932-1939)
THE MUSEUM OF WITCHCRAFT AND MAGIC

MANUEL DE DIVINATION ÉCOSSAIS

Ce manuel détaillé sur la divination dans les feuilles de thé a été écrit par un auteur anonyme, présenté en couverture comme « un voyant des Highland ». Il donne des indications non seulement sur l'interprétation des formes prises par les feuilles, mais également sur la taille et la forme idéale de la tasse, le type de thé à utiliser et même la signification de l'endroit où un symbole apparaît dans la tasse. L'auteur explique, par exemple, que plus une image est proche de l'anse, plus la prédiction se réalisera rapidement.

LE SAVIEZ-VOUS ?

Le thé provient des feuilles du Camellia sinensis, *un arbuste cultivé au Royaume-Uni pour ses jolies fleurs !*

Tea Cup Reading: How to Tell Fortunes by Tea Leaves *(« Lire dans les tasses : prédire l'avenir dans les feuilles de thé ») par un voyant des Highland (Toronto, vers 1920)*
BRITISH LIBRARY

Défense contre les forces du Mal

Le cours que tout le monde attendait avec impatience, c'était celui de la défense contre les forces du Mal...

Harry Potter à l'école des sorciers

La défense contre les forces du Mal est une matière obligatoire à Poudlard. Les jeunes sorciers apprennent à se défendre contre ces forces redoutables mais aussi contre les créatures des ténèbres et les maléfices. La rumeur raconte que le poste de professeur de défense contre les forces du Mal est maudit, et tous les ans, l'école doit trouver un nouvel enseignant...

Zoom

Défense historique

Les hommes tentent depuis toujours de se protéger des forces du Mal. En Grande-Bretagne, des étoiles à cinq branches, des fleurs ou les lettres V et M (pour Vierge Marie) étaient gravées à côté des portes, des fenêtres et des cheminées pour empêcher les sorcières d'entrer dans les maisons. Les sorbiers étaient également censés éloigner les mauvais esprits. Ces arbres étaient plantés dans les cimetières pour veiller sur les âmes des défunts. Il était aussi courant d'en avoir quelques brins sur soi ou devant sa porte.

Professeur Quirinus Quirrell
Ce sorcier nerveux et tremblant porte un turban violet qui dissimule son noir secret.

Professeur Gilderoy Lockhart
Avec ses dents blanches éclatantes et ses yeux d'un bleu myosotis, Lockhart parvient à tromper quasiment tout son entourage !

Professeur Remus John Lupin
Pour beaucoup d'élèves, Lupin est le meilleur professeur de défense contre les forces du Mal qu'ils aient eu. Mordu par Fenrir Greyback quand il était enfant, il a longtemps caché son identité de loup-garou.

Professeur Alastor Maugrey (Fol Œil)
Il s'agit en fait de Barty Croupton Jr, qui a pris l'apparence de Maugrey grâce à du Polynectar.

Professeur Dolores Ombrage
Cette sorcière courtaude au visage flasque évoque à Harry, la première fois qu'il la voit, un gros crapaud !

Professeur Severus Rogue
Quand Harry entre en sixième année, ce sorcier aux cheveux gras et au teint cireux finit par réaliser son rêve : devenir professeur de défense contre les forces du Mal.

Professeur Amycus Carrow
Le frère d'Alecto devient professeur de défense contre les forces du Mal dans *Harry Potter et les Reliques de la Mort.*

Portrait du professeur Lupin,
par Jim Kay
BLOOMSBURY

Le nain aux yeux rouges

Dans *Harry Potter à l'école des sorciers*, Harry découvre l'existence de Lord Voldemort, chef des Mangemorts et Seigneur des Ténèbres.

Ces pages dactylographiées sont extraites d'une première ébauche du livre.

« … le seul livre que j'ai tapé sur ma vieille machine à écrire électrique. »

J. K. Rowling, 2017

Si de nombreux détails décrits dans ce chapitre seront repris dans la version publiée, le début de l'histoire est ici raconté de manière très différente. Dudley, par exemple, s'appelle Didsbury et Fudge est un Moldu !

La présente scène n'est pas sans rappeler celle où Cornelius Fudge rencontre le Premier ministre moldu dans le premier chapitre de *Harry Potter et les Reliques de la Mort*.

« Il m'arrive souvent de supprimer une idée pour la mettre dans un prochain livre. Il ne faut jamais gaspiller une bonne scène ! »

J. K. Rowling, 2017

Hagrid rend visite à Fudge dans son bureau pour le mettre en garde contre Vous-Savez-Qui (déjà dans cette première version, Hagrid ne prononce pas son nom !). Puis Fudge doit rendre publique la menace du « nain aux yeux rouges ». Les yeux rouges resteront mais Voldemort prendra finalement l'aspect terrifiant que connaissent bien les lecteurs !

"Your kind?"

"Yeah... our kind. We're the ones who've bin disappearin'. We're all in hidin' now./ But I can't tell yeh much abou' us. Can't 'ave Muggles knowin' our business. But this is gettin' outta hand, an' all you Muggles are gettin' involved - them on the train, fer instance - they shouldn'ta bin hurt like that. That's why Dumbledore sent me. Says it's your business too, now."

"You've come to tell me why all these houses are disappearing?" Fudge said, "And why all these people are being killed?"

"Ah, well now, we're not sure they 'ave bin killed," said the giant. "He's jus' taken them. Needs 'em, see. 'E's picked on the best. Dedalus Diggle, Elsie Bones, Angus an' Elspeth McKinnon ... yeah, 'e wants 'em on 'is side."

"You're talking about this little red-eyed -?"

"Shh!" hissed the giant. "Not so loud! 'E could be 'ere now, fer all we know!"

Fudge ~~shivered~~ shuddered and looked wildly aroudn them. "C - could he?"

"S'alright, I don' reckon I was followed," said the giant in a gravelly whisper.

"But who is this person? What is he? One of - um - your kind?"

The giant snorted.

"Was once, I s'pose," he said. "But I don' think 'e's anything yeh could put a name to any more. 'E's not a 'uman. ~~'E's not an animal. 'E's not properly~~ Wish 'e was. 'E could be killed if 'e was still 'uman enough."

"He can't be killed?" whispered Fudge in terror.

"Well, we don' think so. But Dumbledore's workin' on it. 'E's gotta be stopped, see?"

"Well, yes of course," said Fudge. "We can't have this sort of thing going on..."

"This is nothin'," said the giant, "'E's just gettin' started. Once 'e's got the power, once 'e's got the followers, no-one'll be safe. Not even Muggles. I 'eard 'e'll keep yeh alive, though. Fer slaves."

Fudge's eyes bulged with terror.

~~"But who is this---this person?~~

"This Bumblebore - Dunderbore -"

"Albus Dumbledore," said the the giant severely.

"Yes, yes, him - you say he has a plan?"

"Oh, yeah. So it's not hopeless yet. Reckon Dumbledore's the only one He's still afraid of. But 'e needs your 'elp. I'm 'ere teh ask yeh."

""Oh dear," said Fudge breathlessly, "The thing is, ~~I'd be~~ was planning to retire early. Tomorrow, as a matter of fact. Mrs. Fudge and I were thinking of moving to Portugal. We have a villa-"

The giant lent forward, his beetle brows low over his glinting eyes.

"Yeh won' be safe in Portugal if 'e ain' stopped, Fudge."

"Won't I?" said Fudge weakly, "Oh, very well then... what is it Mr. Dumblething wants?"

"Dumbledore," said the giant. "Three things. First, yeh gotta put out a message. On television, an' radio, an' in the newspapers. Warn people not teh give 'im directions. 'Cause that's 'ow 'e's gettin' us, see? 'E 'as ter be told. Feeds on betrayal. I don' blame the Muggles, mind, they didn' know what they were doin'.

"Second, ~~yeh gotta make sure~~ ye're not teh tell anyone abou' us. If Dumbledore manages ter get rid of 'im, yeh gotta swear not ter go spreadin' it about what yeh know, abou' us. We keeps ourselves quiet, see? Let it stay that way.

An' third, yeh gotta give me a drink before I go. I gotta long journey back."

The giant's face creased into a grin behind his wild beard.

"Oh - yes, of course," said Fudge shakily, "Help yourself - there's brandy up there - and - not that I suppose it will happen - I mean, I'm a Muddle - a Muffle - no, a Muggle - but if this person - this thing - comes looking for me -?"

"Yeh'll be dead," said the giant flatly over the top of a large glass of brandy. "No-one can survive if 'e attacks them. Ain' never been a survivor. But like yeh say, yer a Muggle. 'E's not interested in you."

The giant drained his glass and stood up. He pulled out an umbrealla. It was pink and had flowers on it.

"I'll be off, then," he said.

"Just one thing," said Fudge, watching curiously as the giant opened the umbrella, "What is this - person's - name."

The giant looked suddenly scared.

"Can' tell yeh that," he said, "We never say it. Never."

He raised the pink umbrella over his head, Fudge blinked - and the giant was gone.

* * * * *

Première ébauche de Harry Potter à l'école des sorciers

J. K. ROWLING

Fudge wondered, of course, if he was going mad. He seriously considerd the possibility that the giant had been a hallucination. But the brandy glass the giant had drunk from was real enough, left standing on his desk.

Fudge wouldn't let his secretary remove the glass next day. It reassured him he wasn't a lunatic to do what he knew he had to do. He telephoned all the journalists he knew, and all the television stations, chose his favourite tie and gave a press conference. He told the world there was a ~~maniac madman-about~~ a strange little man going about. A little man with red eyes. he told the public to be very careful not to tell this little man where anyone lived. Once he had given out this strange message, he said "Any questions?" But the room was completely silent. Clearly, they all thought he was off his rocker. Fudge went back to his office and sat staring at the giant's empty brandy glass. ~~This-was-the-end-of-his-career.-~~

The very last person he wanted to see was Vernone Dursley. Dursley woudl be delighted. Dursley would be happily counting the days until he was made Minister, now that Fudge was so clearly nuttier than a bag of salted peanuts.

But Fudge had another surprise in store. Dursley knocked quietly, came into his office, sat opposite him and said flatly,

You've had a visit from One of Them, haven't you?"

"~~One-of-~~ Fudge looked at Dursley in amazement.

"You - know?"

"Yes," said Dursley bitterly, "I've known from the start. I - happened to know there were people like that. Of course, I never told anyone.

* * * * *

~~Most-peop-~~
Perhaps ~~people-did-~~ most people did think Fudge

Whether or not nearly everyone thought Fudge had gone very strange, the fact was that he seemed to have stopped the odd accidents. Three whole weeks passed, and still the empty brandy glass stood on Fudge's desk to give him courage, and not one bus flew, the houses of Britain stayed where they were, the trains stopped going swimming. Fudge, who hadn't even told Mrs. Fudge about the giant with the pink umbrella, waited and prayed and slept with his fingers crossed. Surely this Dumbledore would send a message if they'd managed to get rid of the red eyed dwarf? Or did this horrible silence mean that the dwarf had in fact got everyone he wanted, that he was even now planning to appear in Fudge's office and vanish him for trying to help the other side - whoever they were?

And then - one Tuesday -

Le saviez-vous ?

Après avoir terminé sa scolarité à Poudlard, Lord Voldemort a demandé à être nommé professeur de défense contre les forces du Mal.

Première ébauche de
Harry Potter a l'école des sorciers

J. K. ROWLING

Later that evening, when everyone else had gone home, Dursley sneaked up to Fudge's office carrying a crib., which he laid on Fudge's desk.

The child was asleep. Fudge peered nervously into the crib. The boy had a cut on his forehead. It was a very strangely shaped cut. It looked like a bolt of lightening.

"Going to leave a scar, I expect," said Fudge.

"Never mind the ruddy scar, what are we going to do with him?" said Dursley.

"Do with him? Why, you 'll have to take him home, of course," said Fudge in surprise. "He's your nephew. His parents have banished. What else can we do? I thought you didn't want anyone to know you had relatives involved in all these odd doings?"

"Take him home!" said Dursley in horror. "My son Didsbury is just this age, I don't want him coming in contact with one of these."

"Very well, then, Dursley, we shall just have to try and fin someone who does want to take him. Of course, it will be difficult to keep the story out of the press. Noone else has lived after one of these vanishments. There'll be a lot of interest -"

"Oh, very *well*," snapped Dursley. "I'll take him."

He picked up the crib and stumped angrily from the room.

Fudge closed his briefcase. It was time he was getting home too. He had just put his hand on the doorhandle when a ~~low~~ cough behind him made him clap his hand to his heart.

"Don't hurt me! I'm a Muggle! I'm a Muggle!"

"I know yeh are," said a ~~low,~~ growling voice.

It was the giant.

"You!" said Fudge. "What is it? Oh, Good Lord, don't tell me-" For the giant, he saw, was crying. Sniffing into a large spotted handkerchief.

"It's all over," said the giant.

"Over?" said Fudge faintly, "It didn't work? Has he killed Dunderbore? Are we all going to be turned into slaves?"

"No, no," sobbed the giant. "He's gone. Everyone's come back. Diggle, the Bones, the McKinnons... they're all back. Safe. Everyone 'e took is back on our side an' He's disappeared 'imself."

"Good Heavens! This is wonderful news! You mean Mr. Dunderbumble's plan worked?"

"Never 'ad a chance to try it," said the giant, mopping his eyes.

L'ARRIVÉE DE HARRY À PRIVET DRIVE

« Tant que tu pourras considérer comme ta maison le lieu où réside le sang de ta mère, il sera impossible à Voldemort de t'atteindre ou de te faire du mal en cet endroit-là. Il a versé le sang de ta mère, mais ce sang vit en toi et en sa sœur, il est devenu ton refuge. Tu n'as besoin de retourner là-bas qu'une fois par an mais aussi longtemps que cette maison reste la tienne, Voldemort ne peut rien contre toi lorsque tu t'y trouves. »

PROFESSEUR DUMBLEDORE – HARRY POTTER ET L'ORDRE DU PHÉNIX

CE DESSIN DE J. K. ROWLING représente la scène dans laquelle Harry est déposé chez les Dursley. Hagrid, qui a gardé ses lunettes de moto, se penche pour montrer le bébé à Dumbledore et au professeur McGonagall. Harry, emmailloté dans une couverture blanche, occupe le centre de l'image.

Dessin figurant Harry Potter, Dumbledore, McGonagall et Hagrid, par J. K. Rowling

J. K. ROWLING

Le Cercle magique

Dans le monde magique, les sorts de protection permettent de sécuriser un lieu. Poudlard, par exemple, est protégé par un sortilège Repousse-Moldu : pour ces derniers, l'école n'est qu'un vieux château en ruine.

Dans le tableau ci-contre de John William Waterhouse (1849-1917), une femme trace au sol un cercle de protection à l'aide d'une baguette. Au-delà du cercle, le paysage est inquiétant et désolé, avec des corbeaux, des crapauds et un crâne à moitié enterré. L'intérieur du cercle abrite quant à lui la femme à la robe colorée, un feu rougeoyant et des fleurs.

John William Waterhouse, Le Cercle magique *(1886)*
TATE BRITAIN

« Si nous restons, il faut jeter quelques sortilèges de Protection autour de nous », répondit-elle. Elle brandit sa baguette et décrivit à pas lents un large cercle autour de Harry et de Ron, en marmonnant des incantations. Harry remarqua de petites perturbations dans l'atmosphère : on aurait dit qu'Hermione avait fait naître une brume de chaleur sur leur clairière.

Harry Potter et les Reliques de la Mort

Activité

Un fantôme en bouteille

Remplissez une bouteille de plastique transparent d'eau froide et versez-y quelques gouttes de colorant alimentaire orange. Découpez un sac fin en plastique blanc à 10 cm du fond. Déposez-y une cuillerée à soupe d'eau puis fermez le sac avec un élastique de façon à obtenir une petite « tête » remplie d'eau. Dessinez les yeux et la bouche. Assurez-vous que la tête rentre bien par le goulot de la bouteille puis découpez le haut du sac en lambeaux. Faites entrer le fantôme dans la bouteille, mettez le bouchon et secouez bien : le fantôme semble voler !

LE CHARMEUR DE SERPENT

LES SERPENTS PULULLENT dans le monde magique. Lord Voldemort, Harry Potter et Salazar Serpentard, le fondateur de la maison du même nom à Poudlard, sont des Fourchelang : ils peuvent communiquer avec les serpents. Et Nagini, le fidèle serviteur de Lord Voldemort, est un serpent gigantesque d'au moins trois mètres de longueur !

[...] et il cria tout bêtement au serpent : « Laisse-le tranquille ! » Comme par miracle, le serpent retomba alors sur le sol, aussi docile qu'un tuyau d'arrosage, les yeux tournés vers Harry.

HARRY POTTER ET LA CHAMBRE DES SECRETS

Illustration d'un charmeur de serpent dans un bestiaire (Angleterre, XIIIe siècle)

BRITISH LIBRARY

L'image ci-contre d'un « sorcier » charmeur de serpent provient d'un bestiaire remarquablement illustré, décoré à l'or véritable. L'ouvrage recense et décrit plusieurs serpents mythologiques tels que *Cerastes* (un serpent à cornes) ou *Emorroris* (une espèce de vipère aspic). En cas de morsure d'aspic, la victime meurt en se vidant de son sang.

Fort heureusement, le bestiaire explique comment neutraliser l'aspic. Il faut chanter – ce qui endort le serpent –, puis retirer la pierre précieuse qui pousse sur son front, ce que s'apprête à faire le magicien ici représenté (ce qu'il tient à la main ressemble à une baguette magique). Cet ouvrage contient quatre-vingts autres illustrations de créatures réelles ou mythiques – phénix, licorne, centaure...

ZOOM

QU'EST-CE QU'UN BESTIAIRE ?

Les bestiaires sont des livres admirablement illustrés consacrés aux animaux, incluant descriptions et légendes. Les premiers remontent à l'Antiquité grecque mais ils deviennent réellement populaires au Moyen Âge. Ils traitent des animaux réels et imaginaires : on y parle des dragons et des licornes, mais aussi des lions et des ours !

Serpents magiques

De tout temps, les serpents ont été considérés comme des créatures magiques. Parce qu'ils muent régulièrement, ils sont souvent associés à la renaissance et à la guérison. Dans de nombreuses cultures, ils représentent à la fois le bien et le mal.

Le serpent ouvrit soudain ses petits yeux brillants. Lentement, très lentement, il leva la tête jusqu'à ce qu'elle soit au même niveau que celle de Harry. Et il lui fit un clin d'œil.

HARRY POTTER À L'ÉCOLE DES SORCIERS

Le bâton magique ci-dessous est resté enterré pendant des siècles dans une tourbière. Le faible niveau d'oxygène, l'acidité et les tanins de la tourbe ont préservé le bois (du morta), qui s'est durci et noirci au fil des ans. Ce bâton a été sculpté par un certain Stephen Hobbs et offert à un prêtre wiccan, Stewart Farrar (1916-2000). Le serpent qui le décore renforçait, disait-on, son pouvoir.

La baguette aurait, quant à elle, servi à canaliser des forces magiques. Sa couleur sombre et sa forme de serpent créent le doute : a-t-elle servi à faire le bien ou le mal ?

Bâton serpent

THE MUSEUM OF WITCHCRAFT AND MAGIC

Baguette en forme de serpent

THE MUSEUM OF WITCHCRAFT AND MAGIC

Le saviez-vous ?

Dans la symbolique magique, les serpents représentent autant le bien que le mal. Ainsi, la poudre de peau de serpent à sonnette (voire le serpent à sonnette lui-même) était combinée à des sorts pour attirer la chance ; par ailleurs, la peau de serpent était connue pour contrer les sorts de Démence. En Amérique du Nord et du Sud, on faisait boire du sang de serpent à son ennemi afin que son corps soit infesté de serpents.

Zoom

Baguettes et magie

Les baguettes, sceptres et bâtons sont depuis longtemps associés à la magie. À l'origine, il s'agissait de fagots de brindilles utilisés par les prêtres pour appeler les esprits. En magie, les baguettes servent à diriger les énergies et les sortilèges. Elles sont faites de divers types de bois et sont parfois ornées de plantes, plumes, pierres ou métaux précieux pour accroître leur puissance.

Harry et le Basilic

Fumseck voletait autour de la tête du Basilic qui essayait de l'attraper, claquant ses mâchoires hérissées de longs crochets, fins et tranchants comme des sabres.

Harry Potter et la Chambre des Secrets

Dans ce saisissant dessin de recherche d'ambiance, le Basilic ondule autour de Harry, si imposant qu'il est difficile de savoir où commence et où finit son corps ! Le jeune sorcier serre dans ses mains l'épée incrustée de rubis de Godric Gryffondor avec laquelle il s'apprête à fendre l'air. Les terribles yeux jaunes du Basilic sont injectés de sang après que Fumseck, le phénix, y a planté ses griffes. L'image apparaît dans le film *Harry Potter et la Chambre des Secrets*.

Harry Potter et le Basilic, par Jim Kay

BLOOMSBURY

Le saviez-vous ?

Selon Historia animalium, *un livre écrit en 1595, l'odeur de la belette peut tuer un basilic !*

Le Basilic

L'énorme serpent d'un vert éclatant, au corps aussi épais qu'un tronc de chêne, s'était dressé haut dans les airs et sa grosse tête en pointe oscillait entre les deux colonnes comme un ivrogne à la démarche titubante.

Harry Potter et la Chambre des Secrets

A Brief Description of the Nature of the Basilisk, or Cockatrice («Brève description des caractéristiques du basilic, ou cocatrix») est un fascicule de trois pages seulement, écrit en 1680 par James Salgado à l'occasion de l'exposition d'un basilic (probablement empaillé) que lui a offert un médecin hollandais à son retour d'Éthiopie.

Le basilic y est décrit comme une créature jaune avec une crête en forme de couronne, le corps d'un jeune coq et la queue d'un serpent. Salgado met en garde contre le maléfique regard de l'animal: «Au temps d'Alexandre le Grand, l'un d'eux, tapi dans un mur, tua une troupe entière de soldats par le regard empoisonné qu'il posa sur eux.»

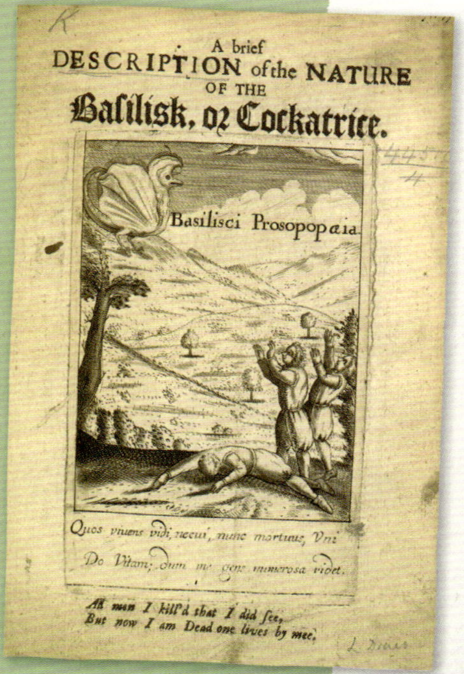
A brief
DESCRIPTION of the NATURE
OF THE
Basilisk, or Cockatrice.

Basilisci Prosopopœia

Quos viuens vidi, necui, nunc mortuus, Vni
Do Vitam; dum me gens numerosa videt.

All men I kill'd that I did see,
But now I am Dead one lives by mee.

A Brief Description of the Nature of the Basilisk, or Cockatrice *(«Brève description des caractéristiques du basilic, ou cocatrix»)*
(Londres, vers 1680)
British Library

Talismans éthiopiens

«Je me souviens d'avoir vu quelque chose de semblable à Ouagadougou, dit Lockhart, une série d'attaques, on peut lire toute l'histoire dans mon autobiographie. J'ai distribué aux habitants de la ville diverses amulettes qui ont aussitôt résolu le problème...»

Harry Potter et la Chambre des Secrets

Les pages présentées ci-contre proviennent d'un grimoire éthiopien datant de 1750. Écrit en guèze (ou éthiopien classique), il recense une foule d'amulettes, talismans et sortilèges de Protection. Ce recueil magico-religieux aurait appartenu à un exorciste (personne qui délivre des esprits maléfiques), ou *däbtära*.

Dans certaines communautés éthiopiennes, les *däbtära* sont des figures religieuses. Formés comme guérisseurs, médiums et astrologues, ils fabriquent des amulettes destinées à repousser les mauvais esprits. Ils installent aussi des épouvantails dans les champs et traitent les poux!

Grimoire éthiopien (1750)
British Library

Zoom

Amulettes et talismans

L'amulette est un petit objet qui protège celui qui le porte du mal et des maladies. Le talisman a des pouvoirs similaires mais il est censé, en plus, porter chance. L'un et l'autre sont parfois faits sur mesure et sont gravés de motifs, prières ou sortilèges. Tout ou presque peut servir à les fabriquer – cailloux, pièces de monnaie, mots, dessins, plantes, animaux – voire des nœuds !

Les *däbtära* fabriquent des rouleaux magiques, d'étroites bandes de parchemin mesurant la taille exacte du malade, et pratiquent la médecine traditionnelle. Sur ces pages sont présentées plusieurs illustrations et figures géométriques utilisées dans les rouleaux magiques, ainsi que des prières qui annulent les sortilèges. Les dessins exploitent la thématique de l'œil, qui sert de défense contre les forces du Mal.

Soins aux créatures magiques

« Venez, venez, dépêchez-vous ! lança-t-il. Vous allez avoir une bonne surprise ! Vous n'allez pas vous ennuyer, croyez-moi ! Tout le monde est là ? Très bien, suivez-moi ! » Hagrid – Harry Potter et le prisonnier d'Azkaban

Les soins aux créatures magiques, que Harry, Ron et Hermione découvrent en troisième année, sont une matière optionnelle à Poudlard. Les élèves y étudient les créatures magiques, leur alimentation, leur reproduction et tout ce qui contribue à leur épanouissement dans le monde magique. Chaque cours est consacré à une espèce différente, des hippogriffes aux Veracrasses en passant par les Scroutts à pétard !

Zoom

Croyances anciennes

Autrefois, les gens croyaient réellement aux créatures magiques : les tremblements de terre étaient causés par des géants agités et si un enfant disparaissait à proximité d'un lac, c'est parce qu'un monstre maléfique l'avait enlevé ! Face à des créatures inconnues, leur croyance leur jouait parfois des tours. Ainsi, les sirènes étaient-elles peut-être de simples dugongs, ou « dames de la mer ». Ces mammifères marins tiennent leurs petits comme les êtres humains et sortent parfois la tête de l'eau. Recouverts d'algues, on peut effectivement penser – vus de loin – qu'ils portent une longue chevelure… de sirène !

Rubeus Hagrid
Gardien des Clés et des Lieux

Professeur de : Soins aux créatures magiques

Physionomie : Hagrid est un demi-géant à la chevelure broussailleuse dont le visage disparaît quasiment sous sa barbe. Ses mains ont la taille d'un couvercle de poubelle et ses pieds, celle d'un bébé dauphin !

Le saviez-vous ? Les chats le font éternuer !

« Dessiner Hagrid, c'est facile. Quand on dessine un enfant, un seul trait de travers lui donne dix ans de plus ! Ce problème ne se pose pas avec Hagrid : il n'est fait que de traits de travers – avec des yeux. »

Jim Kay, 2017

Portrait de Hagr
par Jim K

BLOOMSBU

Un géant sous terre

Athanasius Kircher (1602-1680) est l'auteur de *Mundus Subterraneus* (« Le Monde souterrain »). Après avoir vécu un tremblement de terre lors d'un voyage en Italie, il s'est pris de passion pour ce qui se trouve sous terre. Sa fascination l'a même amené à s'aventurer à l'intérieur du Vésuve, dont la dernière éruption n'avait eu lieu que sept ans plus tôt !

Kircher était convaincu que les entrailles de la terre regorgeaient de grottes et de gouffres abritant une foule de merveilles telles que des dragons et même des géants. Il affirmait qu'un énorme squelette de géant avait ainsi été trouvé au XIVe siècle dans une caverne sicilienne. L'illustration ci-contre tirée de son ouvrage montre la taille du géant sicilien comparé à un être humain, à Goliath, à un géant suisse et à un géant mauritanien.

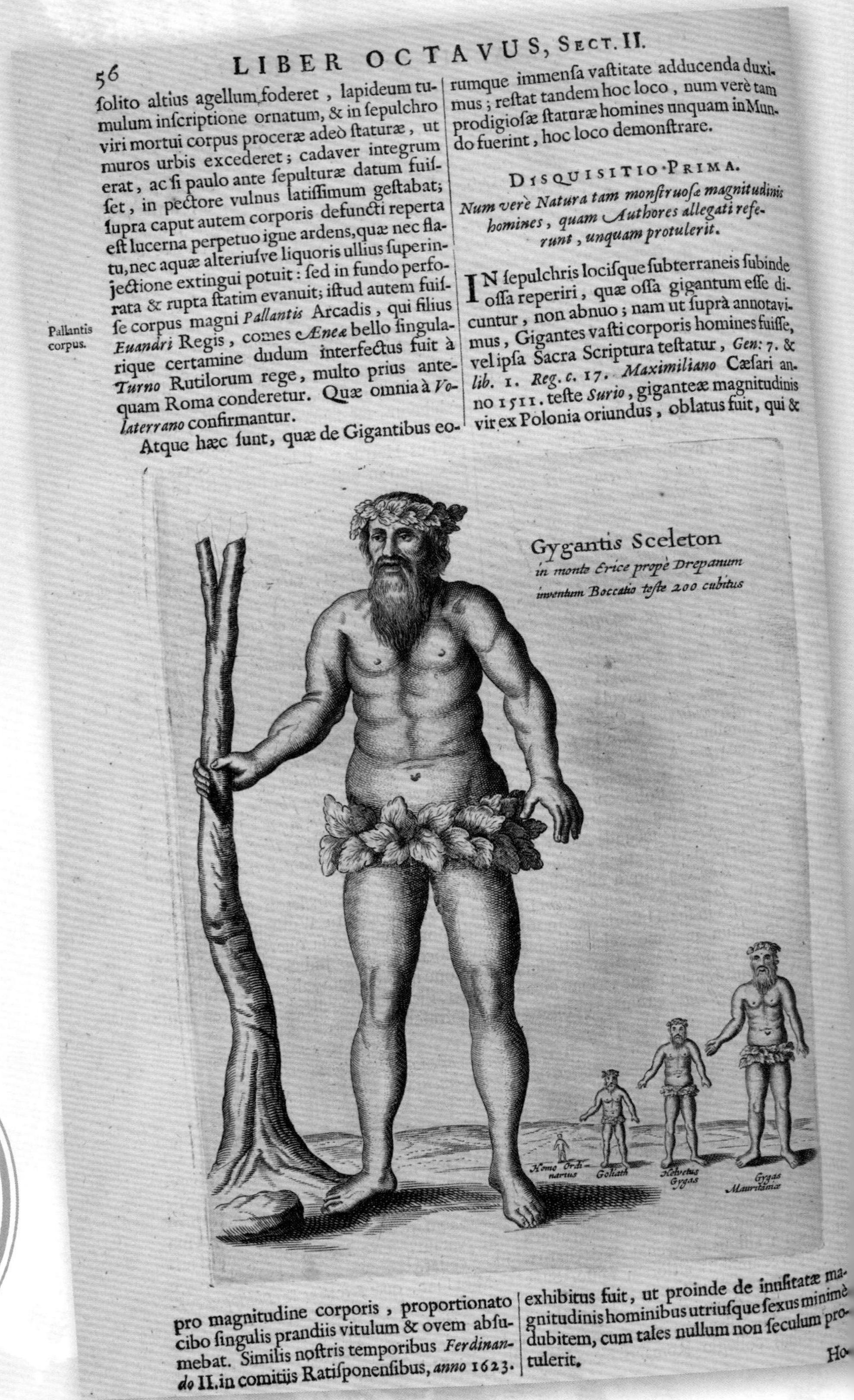
56 LIBER OCTAVUS, Sect. II.

solito altius agellum foderet, lapideum tumulum inscriptione ornatum, & in sepulchro viri mortui corpus proceræ adeò staturæ, ut muros urbis excederet; cadaver integrum erat, ac si paulo ante sepulturæ datum fuisset, in pectore vulnus latissimum gestabat; supra caput autem corporis defuncti reperta est lucerna perpetuo igne ardens, quæ nec flatu, nec aquæ alteriusve liquoris ullius superinjectione extingui potuit: sed in fundo perforata & rupta statim evanuit; istud autem fuisse corpus magni *Pallantis* Arcadis, qui filius *Euandri* Regis, comes *Æneæ* bello singularique certamine dudum interfectus fuit à *Turno* Rutilorum rege, multo prius antequam Roma conderetur. Quæ omnia à *Volaterrano* confirmantur.

Pallantis corpus.

Atque hæc sunt, quæ de Gigantibus eorumque immensa vastitate adducenda duximus; restat tandem hoc loco, num verè tam prodigiosæ staturæ homines unquam in Mundo fuerint, hoc loco demonstrare.

DISQUISITIO PRIMA.

Num verè Natura tam monstruosæ magnitudinis homines, quam Authores allegati referunt, unquam protulerit.

In sepulchris locisque subterraneis subinde ossa reperiri, quæ ossa gigantum esse dicuntur, non abnuo; nam ut suprà annotavimus, Gigantes vasti corporis homines fuisse, vel ipsa Sacra Scriptura testatur, *Gen:* 7. & *lib.* 1. *Reg. c.* 17. *Maximiliano* Cæsari anno 1511. teste *Surio*, giganteæ magnitudinis vir ex Polonia oriundus, oblatus fuit, qui & pro magnitudine corporis, proportionato cibo singulis prandiis vitulum & ovem absumebat. Similis nostris temporibus *Ferdinando* II. in comitiis Ratisponensibus, *anno* 1623. exhibitus fuit, ut proinde de insitatæ magnitudinis hominibus utriusque sexus minimè dubitem, cum tales nullum non seculum protulerit.

Ho-

Un géant, dans Mundus Subterraneus (« *Le Monde souterrain* ») *d'Athanasius Kircher (Amsterdam, 1665)*

BRITISH LIBRARY

Zoom

Les géants

Les légendes de géants sont très répandues. On les croyait à l'origine des édifices antiques et des monuments naturels que les hommes, pensait-on, n'auraient jamais pu construire comme Stonehenge (Angleterre) ou la chaussée des Géants (Irlande du Nord).

Hagrid et Harry à Gringotts

La température devenait de plus en plus glaciale tandis que le wagonnet continuait sa course en prenant des virages à angle droit.

Harry Potter à l'école des sorciers

Dans ce crayonné de J. K. Rowling, Hagrid emmène Harry découvrir son coffre-fort dissimulé dans les profondeurs de la banque Gringotts, dans une caverne à l'accès hautement sécurisé. Le demi-géant, qui tient tout juste dans le wagonnet filant à vive allure, se couvre les yeux de la main. Harry, à l'inverse, observe autour de lui les yeux grands ouverts !

Crayonné figurant Harry et Hagrid à Gringotts, par J. K. Rowling

J. K. ROWLING

Les trolls

Ces pages dactylographiées sont extraites d'une version non définitive de *Harry Potter à l'école des sorciers*. L'auteur et son éditeur ont remanié plusieurs passages de cette scène.

Ici, le face-à-face de Ron et Harry avec le troll, dans les toilettes des filles, est raconté de manière légèrement différente que dans la version publiée.

"Hello, hello," he said absently, "Just pondering a little problem, don't take any notice of me..."

"What's Peeves done this time?" asked Harry.

"No, no, it's not Peeves I'm worried about," said Nearly Headless Nick, looking thoughtfully at Harry. "Tell me, Mr. Potter, if you were

167

worried that someone was up to something they shouldn't be, would you tell someone else, who might be able to stop it, even if you didn't think much of the person who might be able to help?"

"Er - you mean - would I go to Snape about Malfoy, for instance?"

"Something like that, something like that...."

"I don't think Snape would help me, but it'd be worth a try, I suppose," said Harry curiously.

"Yes... yes... thank you, Mr. Potter..."

Nearly Headless Nick glided away. Harry and Ron watched him go, puzzled looks on their faces.

"I suppose you're bound not to make much sense if you've been beheaded," said Ron.

Quirrell was late for class. He rushed in looking pale and anxious and told them to turn to "p-page fifty four" at once, to look at "t-t-trolls."

"N-now, who c-c-can tell me the three types of t-troll? Yes, Miss G-

167

Granger?"

"Mountain-dwelling, river-dwelling and sea-dwelling," said Hermione promptly. "Mountain-dwelling trolls are the biggest, they're pale grey, bald, have skin tougher than a rhinoceros and are stronger than ten men. However, their brains are only the size of a pea, so they're easy to confuse -"

"Very g-good, thank you, Miss Gr -"

"River trolls are light green and have stringy hair -"

"Y-y-yes, thank you, that's excell -"

" - and sea trolls are purplish grey and -"

"Oh, someone shut her up," said Seamus loudly. A few people laughed.

There was a loud clatter as Hermione jumped to her feet, knocking her chair over, and ran out of the room with her face in her hands. A very awkward silence followed.

"Oh d-d-dear," said Professor Quirrell.

*

When Harry woke up next day, the first thing he noticed was a delicious smell in the air.

"It's pumpkin, of course!" said Ron, "Today's Hallowe'en!"

Harry soon realised that Hallowe'en at Hogwarts was a sort of mini-Christmas. When they got down to the Great Hall for breakfast, they found that it had been decorated with thousands of real bats, which were hanging off the ceiling and window-sills, fast asleep. Hagrid was putting hollow pumpkins on all the tables.

"Big feast tonight," he grinned at them, "See yeh there!"

There was a holiday feeling in the air because lessons would be finishing early. No-one was in much of a mood for work, which annoyed Professor McGonagall.

168

"Unless you settle down, you won't be going to the feast at all," she said, a few minutes into Transfiguration. She stared at them until they had all fallen silent. Then she raised her eyebrows.

"And where is Hermione Granger?"

They all looked at each other.

"Miss Patil, have you seen Miss Granger?"

Parvati shook her head.

cupboard doors, but not a hint of a troll did they find.

They'd just decided to try the dungeons when they heard footsteps.

"If it's Snape, he'll send us back - quick, behind here!"

They squeezed into an alcove behind a statue of Godfrey the Gormless.

Sure enough, a moment later they caught a glimpse of Snape's hook nose rushing past. Then they heard him whisper "Alohomora!" and a click.

"Where's he gone?" Ron whispered.

"No idea - quick, before he gets back -"

They dashed down the stairs, three at a time, and rushed headlong into the cold darkness of the dungeons. They passed the room where they usually had Potions and were soon walking through passages they'd never seen before. They slowed down, looking around. The walls were wet and slimey and the air was dank.

"I never realised they were so big," Harry whispered as they turned yet another corner and saw three more passageways to choose from. "It's like Gringotts down here..."

173

Ron sniffed the damp air.

"Can you smell something?"

Harry sniffed too. Ron was right. Above the generally musty smell of the dungeons was another smell, which was rapidly becoming a foul stench, a mixture of old socks and public toilets, the concrete kind that no-one seems to clean.

And then they heard it. A low grunting - heavy breathing - and the shuffling footfalls of gigantic feet.

They froze - they couldn't tell where the sound was coming from amid all the echoes -

Ron suddenly pointed; at the end of one of the passageways,

Version provisoire de Harry Potter à l'école des sorciers, *par J.K. Rowling*

J. K. ROWLING

something huge was moving. It hadn't seen them... it ambled out of sight...

"Merlin's beard," said Ron softly, "It's enormous..."

They looked at each other. Now that they had seen the troll, their ideas of fighting it seemed a bit - stupid. But neither of them wanted to be the one to say this. Harry tried to look brave and unconcerned.

"Did you see if it had a club?" Trolls, he knew, often carried clubs.

Ron shook his head, also trying to look as though he wasn't bothered.

"You know what we should do?" said Harry, "Follow it. Try and lock it in one of the dungeons - trap it, you know..."

If Ron had been hoping Harry was going to say, "Let's go back to the feast", he didn't show it. Locking up the troll was better than trying to fight it.

"Good idea," he said.

They crept down the passageway. The stench grew stronger as they reached the end. Very slowly, they peered around the corner.

174

There it was. It was shuffling away from them. Even from the back, it was a horrible sight. Twelve feet tall, its skin was a dull, granite grey, its great lumpy body like a boulder with its small bald head perched on top like a coconut. It had short legs thick as tree trunks with flat, horny feet. The smell coming from it was incredible. It was holding a huge wooden club, which dragged along the floor because its arms were so long.

They pulled their heads back out of sight.

"Did you see the size of that club?" Ron whispered. Neither of them could have lifted it.

"We'll wait for it to go into one of the chambers and then barricade the door," said Harry. He looked back around the corner.

The troll had stopped next to a doorway and was peering inside. Harry could see its face now; it had tiny red eyes, a great squashed nose and a gaping mouth. It also had long, dangling ears which waggled as it shook its head, making up its tiny mind where to go next. Then it slouched slowly into the chamber.

Harry looked around, searching -

"There!" he whispered to Ron, "See? On the wall there!"

A long, rusty chain was suspended about half way down the passageway. Harry and Ron darted forward and pulled it off its nail. Trying to stop it clinking, they tiptoed towards the open door, praying the troll wasn't about to come out of it -

Harry seized the door handle and pulled it shut: with trembling hands, they looped the chain around the handle, hooked it onto a bolt sticking out of the wall and pulled it tight.

"It'll take it a while to get out of that," Harry panted, as they pulled the chain back across the door and tied it firmly to a torch bracket, "Come

175

on, let's go and tell them we've caught it!"

Flushed with their victory they started to run back up the passage, but as they reached the corner they heard something that made their hearts stop - a high, petrified scream - and it was coming from the chamber they'd just chained up -

"Oh, no," said Ron, pale as the Bloody Baron.

"There's someone in there!" Harry gasped.

"*Hermione!*" they said together.

It was the last thing they wanted to do, but what choice did they have? Wheeling around they sprinted back to the door and ripped the chain off, fumbling in their panic - Harry pulled the door open - they ran inside.

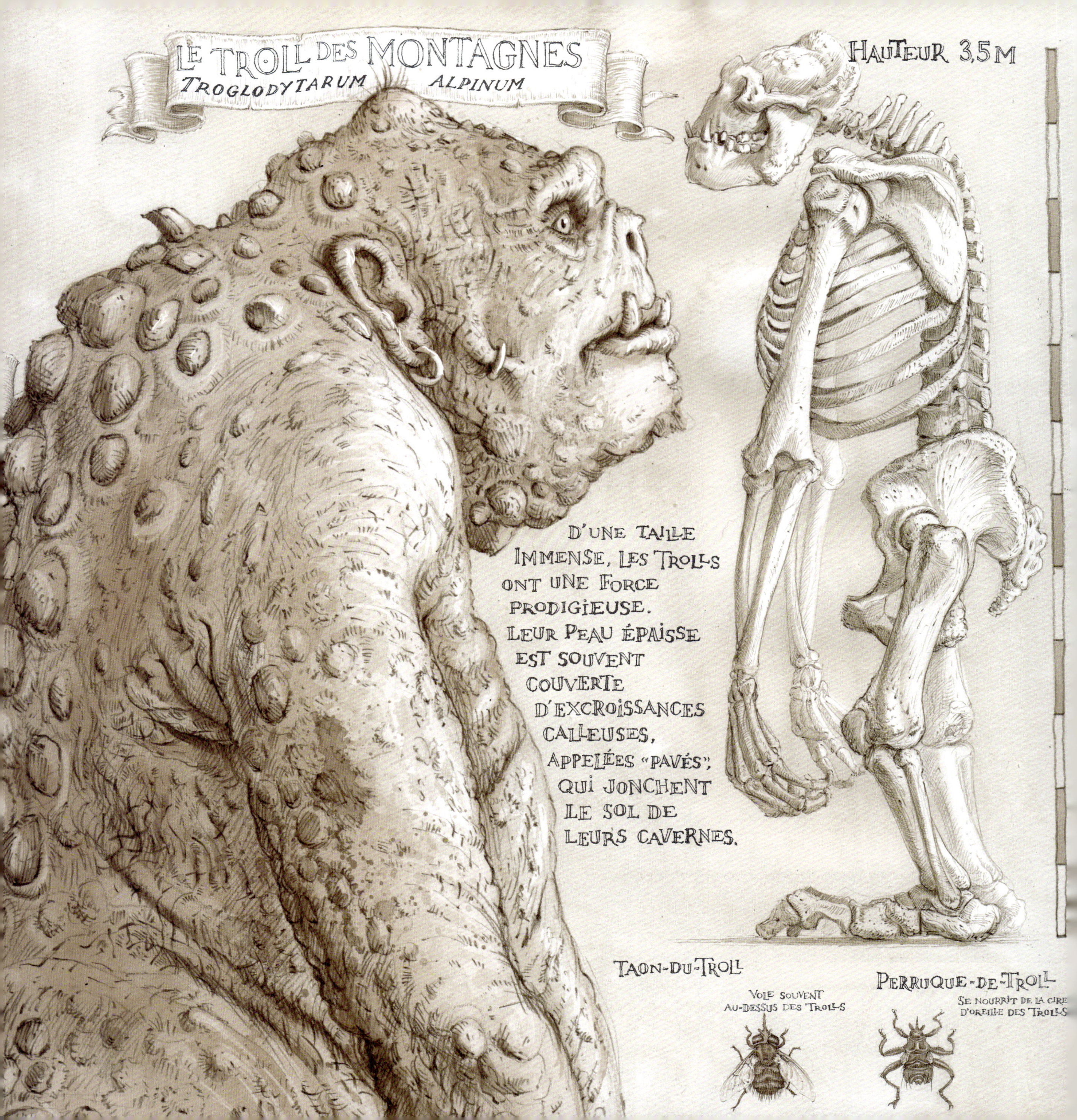
LE TROLL DES MONTAGNES
TROGLODYTARUM ALPINUM
HAUTEUR 3,5 M
D'UNE TAILLE IMMENSE, LES TROLLS ONT UNE FORCE PRODIGIEUSE. LEUR PEAU ÉPAISSE EST SOUVENT COUVERTE D'EXCROISSANCES CALLEUSES, APPELÉES « PAVÉS », QUI JONCHENT LE SOL DE LEURS CAVERNES.
TAON-DU-TROLL
VOLE SOUVENT AU-DESSUS DES TROLLS
PERRUQUE-DE-TROLL
SE NOURRIT DE LA CIRE D'OREILLE DES TROLLS

Le Troll des Montagnes

C'était un spectacle épouvantable. Près de quatre mètres de hauteur, une peau grise et terne comme de la pierre, un corps couvert de verrues, qui avait l'air d'un énorme rocher au sommet duquel était plantée une petite tête chauve de la taille d'une noix de coco. La créature avait des jambes courtes, épaisses comme des troncs d'arbre avec des pieds plats hérissés de pointes.

Harry Potter à l'école des sorciers

Dans son étude du troll des montagnes (ci-contre), Jim Kay mentionne le nom scientifique de la créature : *Troglodytarum alpinum*. Le troll dessiné par l'artiste a le corps couvert de verrues et le regard inexpressif.

Le saviez-vous ?

Le terme « troll » vient du vieux norrois : c'est en effet dans le folklore scandinave que cette créature est d'abord apparue. Le mot « trow » a la même racine mais désigne tout autre chose : dans l'archipel des Shetland, un trow est une fée.

Étude du troll des montagnes, par Jim Kay

Bloomsbury

Un crapaud toxique

Qu'ils prédisent la météo, portent chance ou servent de base aux potions, les crapauds sont associés à la tradition magique depuis des siècles. Le crapaud-buffle est le plus grand crapaud du monde. Ses doigts ne sont pas palmés. Il a des yeux marron et ses glandes à venin, parfois couvertes de tubercules épineux, produisent une substance laiteuse toxique. Il est l'une des nombreuses créatures décrites par le célèbre zoologiste allemand Johann Baptist von Spix (1781-1826).

J. B. von Spix, Animalia nova, sive species novæ testitudinum et ranarum, quas in itinere per Brasiliam annis 1817–1820… collegit, et descripsit *(Munich, 1824)*

British Library

La fuite de Gringotts

Voici la première ébauche, écrite de la main de J. K. Rowling, de la scène de *Harry Potter et les Reliques de la Mort* dans laquelle Harry, Ron et Hermione s'échappent de Gringotts sur le dos d'un dragon. La page de gauche raconte leur fuite spectaculaire. Celle de droite décrit Harry détruisant la coupe de Poufsouffle, un Horcruxe, dans le coffre-fort des Lestrange (l'action sera remaniée dans le roman final).

Ce brouillon manuscrit montre que les scènes du livre n'ont pas nécessairement été rédigées dans l'ordre et que certaines ont été réécrites par la suite. Les ratures, flèches et phrases rajoutées dans les marges sont nombreuses. Sur la page de droite, l'une des répliques de Harry est représentée par une croix : J. K. Rowling a probablement voulu noter qu'elle y reviendrait plus tard.

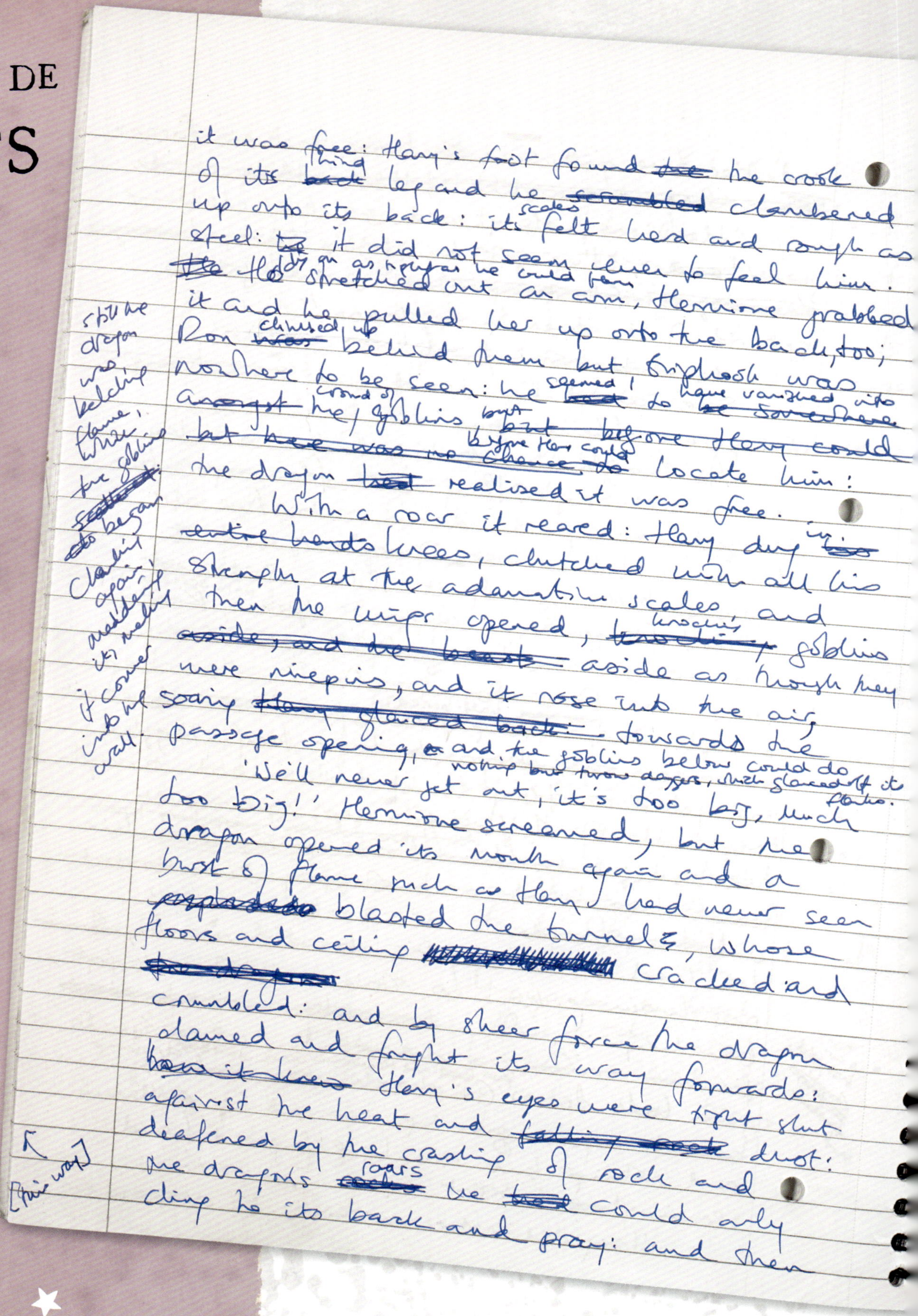
it was free: Harry's foot found the crook of its hind leg and he clambered up onto its back: its scales felt hard and rough as steel: it did not seem even to feel him. He stretched out an arm, Hermione grabbed it and he pulled her up onto the back, too; Ron climbed up behind them but Griphook was nowhere to be seen: he seemed to have vanished into the crowd of goblins but before Harry could locate him: the dragon realised it was free.

With a roar it reared: Harry dug in his knees, clutched with all his strength at the adamantine scales, and then the wings opened, knocking goblins aside as though they were ninepins, and it rose into the air, soaring towards the passage opening, and the goblins below could do nothing but throw daggers, which glanced off its flanks.

'We'll never get out, it's too big, much too big!' Hermione screamed, but the dragon opened its mouth again and a burst of flame such as Harry had never seen blasted the tunnel, whose floors and ceiling cracked and crumbled: and by sheer force the dragon clawed and fought its way forwards: Harry's eyes were tight shut against the heat and dust: deafened by the crashing of rock and the dragon's roars he could only cling to its back and pray: and then

[this way]

Première ébauche de Harry Potter et les Reliques de la Mort, *par J. K. Rowling*

J. K. ROWLING

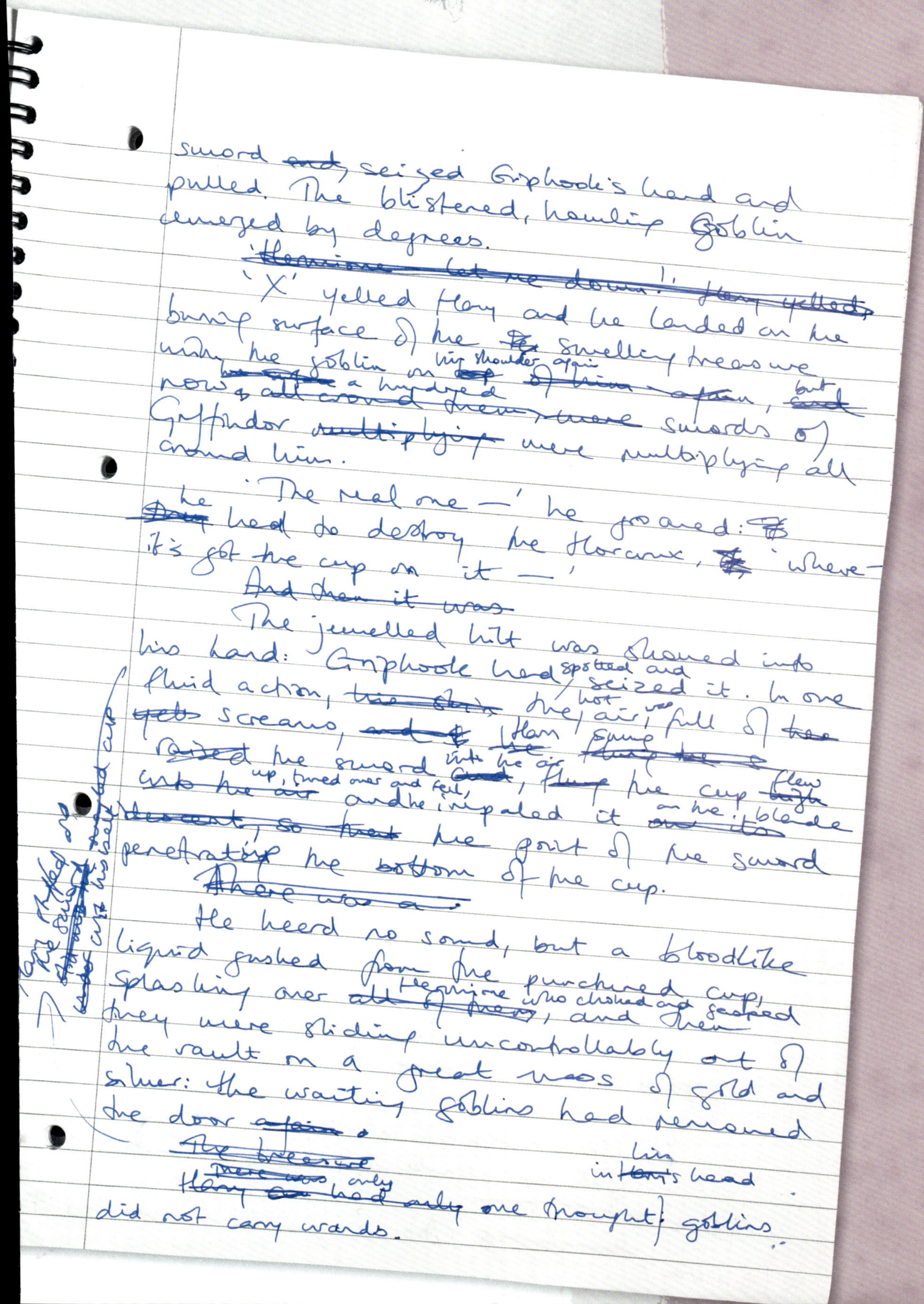
sword ~~and~~, seized Griphook's hand and
pulled. The blistered, howling goblin
emerged by degrees.
~~'Hermione, let me down!', Harry yelled,~~
'X' yelled Harry and he landed on the
bumpy surface of the swelling treasure
with the goblin on his shoulder again
now a hundred ~~all around them, more~~, but swords of
Gryffindor ~~multiplying~~ were multiplying all
around him.
'The real one —' he groaned: he had to destroy the Horcrux, 'where —
it's got the cup on it —'
~~And then it was~~
The jewelled hilt was shoved into
his hand: Griphook had spotted and seized it. In one
fluid action, the hot air was full of
screams, Harry swung
the sword into the air, the cup flew
up, turned over and fell, and he impaled it on the blade
the point of the sword
penetrating the ~~bottom~~ of the cup.
~~There was a~~
He heard no sound, but a bloodlike
liquid gushed from the punctured cup,
splashing over Hermione who choked and gasped, and then
they were sliding uncontrollably out of
the vault on a great mass of gold and
silver: the waiting goblins had removed
the door ~~again~~.
only one thought in his head:
goblins did not carry wands.

« *Quand je planifie une histoire, plein d'idées me viennent en même temps : j'essaye de retenir les meilleures et de les noter. Mes carnets sont remplis de flèches et de triples astérisques qui signifient que je dois tourner quatre pages pour dépasser les idées griffonnées à la hâte vingt minutes plus tôt et reprendre le fil de l'histoire.* »

J. K. Rowling, 2017

LE DRAGON DE BOLOGNE

ON RACONTE QUE le 13 mai 1572 un « monstrueux dragon » a été découvert à proximité de Bologne, en Italie. Comme cela est signe de mauvais présage, le corps du dragon est confié au célèbre naturaliste et collectionneur Ulisse Aldrovandi (1522-1605) afin qu'il l'examine. Ses trouvailles ont été publiées dans *Serpentum et Draconum historiae* (« Histoire des serpents et des dragons ») qui décrit en détail les serpents, dragons et autres monstres, ainsi que leur tempérament et leur habitat.

Ulisse Aldrovandi, Serpentum et Draconum historiae *(Bologne, 1640)*

BRITISH LIBRARY

LE SAVIEZ-VOUS ?

Cela a tout d'un canular, mais Aldrovandi était un naturaliste respecté qui a méticuleusement décrit et dessiné un reptile à deux pattes. Quoi qu'il ait vu, les reptiles à deux pattes ont bel et bien existé ! Son dragon était donc peut-être une espèce apparentée, aujourd'hui éteinte…

ŒUFS DE DRAGON

Sur la page ci-contre, la planche d'œufs de dragon, illustrée par Jim Kay, recense une grande variété d'espèces. L'artiste a d'abord dessiné des œufs de formes variées, qu'il a peints dans diverses teintes. Il les a ensuite enrichis de textures et de reflets de couleur. Les légendes ont été ajoutées à l'ordinateur. L'échelle indique que le plus petit œuf fait environ quinze centimètres de hauteur (soit la taille d'un œuf d'autruche) et le plus grand, trente-huit centimètres. Certains ont l'air tout à fait « normaux », en revanche d'autres appartiennent, sans nul doute possible, au monde magique !

ACTIVITÉ

FABRIQUEZ UN ŒUF DE DRAGON

Faites cuire un œuf dur, puis laissez-le refroidir 10 minutes. Dans un bol, mélangez une cuillerée à café de colorant alimentaire en gel avec deux cuillerées à soupe de vinaigre de vin blanc. Déposez l'œuf tiède dans cette mixture. Après 10 minutes, tournez-le pour colorer un autre côté. Répétez cette étape une dernière fois puis ajoutez quatre cuillerées à soupe d'eau chaude au mélange. Laissez tremper l'œuf 30 minutes, en le retournant une ou deux fois, puis séchez-le sur un torchon. Vous obtiendrez un œuf de dragon aux nuances splendides !

Œufs de dragon : planche finalisée, par Jim Kay

BLOOMSBURY

ŒUFS DE DRAGONS

TIRÉ DE « L'ÉLEVAGE DES DRAGONS POUR L'AGRÉMENT OU LE COMMERCE »

Nick Quasi-Sans-Tête

Le Département de contrôle et de régulation des créatures magiques rassemble les sections des animaux, êtres et esprits, le Bureau de liaison des gobelins et l'Agence de conseil contre les nuisibles.

Ce dessin de J. K. Rowling représente Nick Quasi-Sans-Tête, le fantôme de Gryffondor, démontrant justement ce que signifie être « quasi sans tête » ! Il s'agit probablement d'un dessin réalisé assez tôt car Nick, Sir Nicholas de Mimsy-Porpington de son vrai nom, ne porte pas encore la fraise que connaissent bien les élèves de Gryffondor.

Dessin de Nick Quasi-Sans-Tête, par J. K. Rowling (1991)

J. K. ROWLING

Peeves, l'esprit frappeur

Dans ce dessin, J. K. Rowling a représenté l'esprit frappeur de Poudlard dans sa forme visible : Peeves peut en effet devenir invisible quand bon lui semble. L'esprit frappeur, ou *poltergeist* (littéralement « fantôme bruyant », en allemand), est mauvais et cause des dégâts matériels.

Dessin de Peeves, par J. K. Rowling (1991)

J. K. ROWLING

Nick Quasi-Sans-Tête, par Jim Kay

BLOOMSBURY

Zoom

Fantôme et esprit frappeur

Un esprit frappeur déplace les objets ; il est à l'origine de bruits inexpliqués. L'esprit frappeur de Thornton Road, à Birmingham, aurait ainsi jeté des pierres sur les fenêtres. Un fantôme est l'esprit d'un défunt (humain ou animal) qui hante un lieu. À Londres, certaines personnes ont affirmé avoir vu, par temps froid, le fantôme d'un poulet se promener dans Pond Square !

ONION
MELONS
MONKSHOOD
GURDYROOT
GARLIC
DITTANY
SALSIFY
CELERY

Buck l'hippogriffe

La première chose qu'ils virent en entrant dans la cabane de Hagrid, ce fut Buck qui était étendu sur le couvre-lit en patchwork. Ses ailes immenses repliées contre son corps, il se délectait d'un plat de musaraignes mortes.

Harry Potter et le prisonnier d'Azkaban

Dans la superbe illustration de la page ci-contre, Buck l'hippogriffe a emprunté le lit de son maître et veille sur les animaux morts qui lui servent de goûter. Pour l'intérieur de la cabane de Hagrid, Jim Kay s'est inspiré de l'abri du jardinier de Calke Abbey, dans le Derbyshire. Les touches de bleu évoquent les célèbres jacinthes de l'abbaye.

Buck l'hippogriffe, par Jim Kay

BLOOMSBURY

Zoom

Le mot « hippogriffe » vient du grec ancien « *hippo* » et du latin « *gryphus* » signifiant respectivement « cheval » et « griffon ». C'est l'Italien Ludovico Ariosto (1474-1533) qui décrit la créature pour la première fois dans son poème *Orlando Furioso*. La légende veut que le griffon, créature mi-aigle mi-lion, soit l'ancêtre de l'hippogriffe.

Incroyables hiboux

Bien que les hiboux ne soient pas magiques, les sorciers les apprécient car ils peuvent transporter lettres et colis ! Le harfang des neiges est originaire des régions arctiques d'Amérique du Nord et d'Eurasie (le bloc continental formé par l'Europe et l'Asie). Ce dessin grandeur nature figure dans *Les Oiseaux d'Amérique*, le premier livre à avoir illustré tous les oiseaux natifs d'Amérique du Nord. L'illustrateur, John James Audubon (1785-1851), avait choisi de représenter chaque espèce à taille réelle.

Le harfang des neiges, dans Les Oiseaux d'Amérique *de John James Audubon (Londres, 1827-1838)*

BRITISH LIBRARY

« Était-ce une sirène ? »

Dans ce chapitre supprimé de *Harry Potter et la Chambre des Secrets*, Harry et Ron s'écrasent à bord de la Ford Anglia magique dans le lac de Poudlard (et non contre le Saule cogneur). Ils sont sauvés par les sirènes, qui ramènent la voiture à la surface.

Dans ces pages, l'une d'elles parle à Harry et Ron en anglais, à la surface du lac. Dans la version finale du roman, les personnages des sirènes sont plus développés et on ne les entend jamais parler autre chose que la langue aquatique.

Chapitre sur les sirènes supprimé par J.K. Rowling, pour Harry Potter et la Chambre des Secrets

BLOOMSBURY

Les êtres de l'eau

Dans Les Animaux fantastiques, vie et habitat, *le magizoologiste Norbert Dragonneau donne quelques informations sur les êtres de l'eau. Les sirènes, selkies et merrows vivent cachés : des sortilèges anti-Moldus empêchent les importuns de découvrir les lacs et les rivières qui les abritent. Les êtres de l'eau parlent la langue aquatique et, comme les centaures, ils ont préféré le statut d'animal à celui d'être.*

64

I wondered whether the mer-people scene actually works? After all, we don't see them again... What if, as an alternative, the car suddenly develops underwater booster or something – and suddenly shoots out of the water? Might help pace – too?

"Oh, well - a fish -" said Harry, "A fish isn't going to do anything to us... I thought it might be the giant squid."

There was a pause in which Harry wished he hadn't thought about the giant squid.

"There's loads of them," said Ron, swivelling round and gazing out of the rear window.

Harry felt as though tiny spiders were crawling up his spine. Large dark shadows were circling the car.

"If it's just fish..." he repeated.

And then, into the light, swam something Harry had never expected to see as long as he lived.

It was a woman. A cloud of blackest hair, thick and tangled like seaweed, floated all around her. Her lower body was a great, scaly fishtail the colour of gun-metal; ropes of shells and pebbles hung about her neck; her skin was a pale, silvery grey and her eyes, flashing in the headlights, looked dark and threatening. She gave a powerful flick of her tail and sped into the darkness.

"Was that a *mermaid?*" said Harry.

"Well, it wasn't the giant squid," said Ron.

There was a crunching noise and the car suddenly shifted.

Harry scrambled about to press his face against the back window. About ten merpeople, bearded men as well as long haired women, were straining against the car, their tails swishing behind them.

"Where are they going to take us?" said Ron, pannicking.

The mermaid they had seen first rapped on the window next to Harry and made a circular motion with her silvery hand.

"I think they're going to flip us over," said Harry quickly, "Hold on -"

They grabbed the door hands and slowly, as the mer-people pushed and strained, the car turned right over onto its wheels, clouds of silt fogging the water. Hedwig was beating her wings furiously against the bars of her cage again.

The mer-people were now binding thick, slimy ropes of lakeweed around the car and tying the ends around their own waists. Then, with Harry and Ron sitting in the front seats hardly daring to breathe, they pulled... the car was lifted off the bottom and rose, towed by the mer-people, to the surface.

"Yes!" said Ron, as they saw the starry sky again through their drenched windows.

The mer-people in front looked like seals, their sleek heads just visible as they towed the car towards the bank. A few feet from the grassy bank, they felt the wheels touch the pebbly ground of the lake again. The mer-people sank out of sight. Then the first mermaid bobbed up at Harry's window and rapped on it. He unwound it quickly.

"We can take you no further," she said. She had a strange voice, it was both screechy and hoarse. "The rocks are sharp in the shallows, but legs are not so easily torn as fins..."

"No," said Harry, nervously, "Look, we can't thank you enough..."

The mermaid gave a little flick of her tail and was gone.

"Come on, I need food..." said Ron, who was shivering.

They opened the doors of the car with difficulty, picked up Hedwig and Scabbers, braced themselves and jumped down into the freezing water, which came up above Harry's thighs. They waded to the bank and climbed out.

"Not as pretty as they look in books, are they, mermaids?" said Ron, trying to wring out his jeans. "Of course, they were lake people... maybe in a warm sea..."

Harry didn't answer; he was having trouble with Hedwig, who had clearly had enough of wizard transport. He let her out of her cage and she soared off at once towards a high tower which housed all the school owls.

LES ARAIGNÉES MANGEUSES D'OISEAUX

MARIA SIBYLLA MERIAN (1647-1717), naturaliste et illustratrice zoologique, est célèbre pour son travail révolutionnaire sur les insectes d'Amérique du Sud. Entre 1699 et 1701, Maria a vécu au Suriname (sur la côte nord-est de l'Amérique du Sud) où elle a réalisé les dessins du livre dont provient l'illustration ci-dessous. La majorité des insectes qu'elle a découverts étaient encore complètement inconnus des Européens. Les gens ont pensé qu'elle avait inventé cette immense araignée mangeuse d'oiseaux, dont l'existence ne sera officiellement admise qu'en 1863.

Maria Sibylla Merian, Metamorphosis Insectorum Surinamensium *(Amsterdam, 1705)*

BRITISH LIBRARY

LE SAVIEZ-VOUS ?

Maria a 52 ans quand elle part pour le Suriname avec Dorothea, sa fille de 21 ans. Un tel voyage est extraordinaire pour l'époque : les femmes étaient censées rester à la maison pour s'occuper de leur famille !

QUAND HARRY ET RON RENCONTRENT ARAGOG

Une araignée de la taille d'un petit éléphant émergea alors très lentement du dôme. Les poils de son dos et de ses pattes grisonnaient et les huit yeux de sa grosse tête repoussante étaient tous d'un blanc laiteux. La créature était aveugle.

HARRY POTTER ET LA CHAMBRE DES SECRETS

Jim Kay a matérialisé dans les moindres détails la terrifiante araignée géante que rencontrent Harry et Ron dans la Forêt interdite, dans *Harry Potter et la Chambre des Secrets.* En arrière-plan, les pattes des centaines d'araignées se confondent avec les épines des arbres. Les fils de leurs toiles luisent dans la lumière émise par la baguette de Harry.

Aragog, par Jim Kay

BLOOMSBURY

Le phénix, par Jim Kay
BLOOMSBURY

Fumseck le Phénix

Un oiseau écarlate, de la taille d'un cygne, venait d'apparaître et lançait son chant étrange sous la voûte de la chambre. Les plumes de sa queue, aussi longues que celles d'un paon, brillaient d'une lueur dorée. Dans ses serres couleur d'or, il tenait une boule de chiffon.

Harry Potter et la Chambre des Secrets

Voici le phénix dans toute sa gloire : Jim Kay a superbement reproduit ses plumes aux couleurs éclatantes, son œil marron perçant, ses griffes bleu vif et ses plumes rouge orangé. Sa queue, d'une taille impressionnante, évoque celle des oiseaux de paradis.

Le Phénix

Renaître dans les flammes

Ce bestiaire du XIIIe siècle décrit et illustre le « fénix ». Selon le texte, le phénix doit son nom soit à sa couleur d'un « pourpre phénicien », soit à son caractère unique. Il vit en Arabie et peut vivre jusqu'à cinq cents ans. Sa caractéristique la plus remarquable est qu'il a le pouvoir de renaître quand il devient vieux : il met le feu à un monticule de branches puis, de ses ailes, attise les flammes. Le feu consume l'oiseau, qui renaît de ses cendres neuf jours plus tard.

Phénix dans un bestiaire médiéval (Angleterre, XIIIe siècle)

British Library

PASSÉ, PRÉSENT, ET FUTUR

La dernière trace de vapeur se dissipa dans l'atmosphère de l'automne. Le train disparut dans un virage. Harry levait toujours la main en signe d'adieu.

HARRY POTTER ET LES RELIQUES DE LA MORT

DEPUIS LA PARUTION DE *Harry Potter à l'école des sorciers*, en 1997 en Angleterre et en 1998 en France, Harry fait le bonheur des fans du monde entier. J. K. Rowling a écrit trois livres complémentaires, dont les recettes ont été reversées à des associations humanitaires : *Le Quidditch à travers les âges*, *Les Animaux fantastiques, vie et habitat* et *Les Contes de Beedle le Barde*. Elle a également imaginé la pièce *Harry Potter et l'enfant maudit* et signé le scénario du film *Les Animaux fantastiques*. Voici un aperçu de l'épopée désormais célèbre du jeune sorcier et de ce que l'avenir réserve…

HARRY POTTER À L'ÉCOLE DES SORCIERS, ILLUSTRÉ PAR J. K. ROWLING

Un tirage de tête de *Harry Potter à l'école des sorciers* a été fait en un seul et unique exemplaire : J. K. Rowling l'a personnalisé d'annotations et de dessins. L'ouvrage, qui a été vendu aux enchères en 2013 en faveur des associations English PEN et Lumos, contient vingt illustrations originales de l'auteur, parmi lesquelles Harry Potter emmailloté devant la maison des Dursley, un professeur Rogue à l'air menaçant et un croquis commenté du blason de Poudlard. Au total, quarante-trois pages sont annotées ou illustrées. Dans ses commentaires, J. K. Rowling évoque la saga et les films *Harry Potter*. Sur la page de garde, elle a écrit ces simples mots : « A changé ma vie pour toujours ».

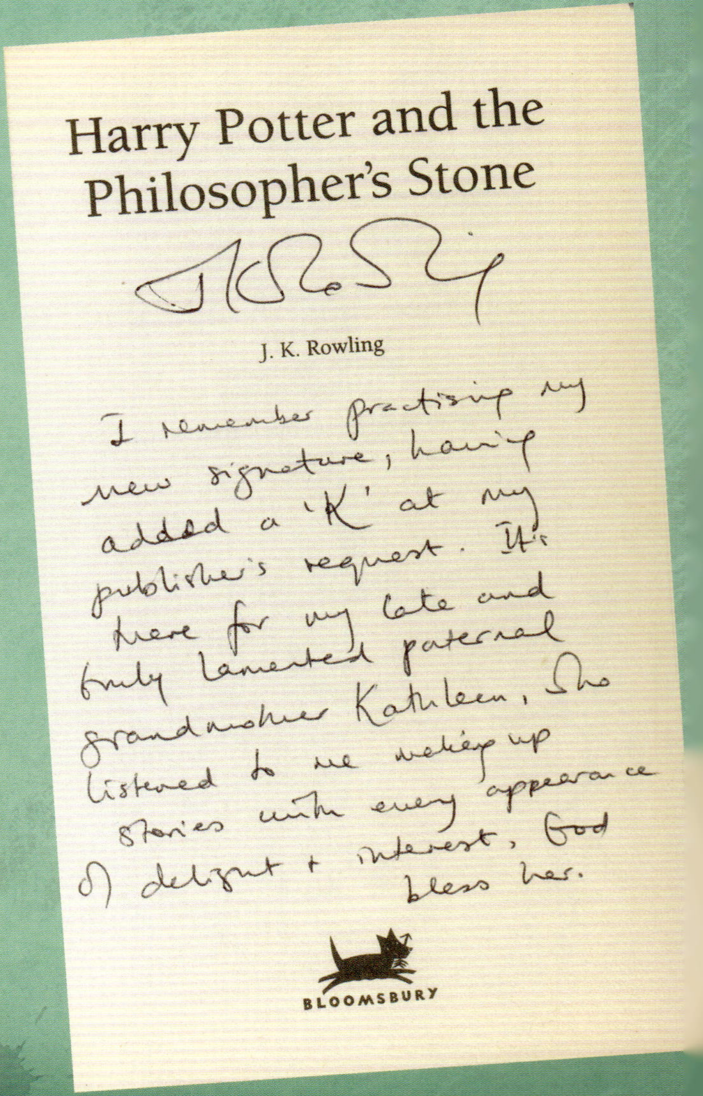
Harry Potter and the Philosopher's Stone

J. K. Rowling

I remember practising my new signature, having added a 'K' at my publisher's request. It's here for my late and truly lamented paternal grandmother Kathleen, who listened to me making up stories with every appearance of delight + interest, God bless her.

BLOOMSBURY

Harry Potter and the Philosopher's Stone

changed my life forever.

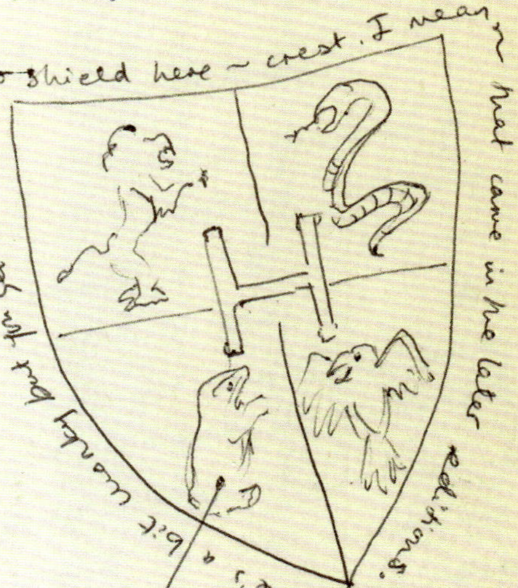

18 HARRY POTTER

corner he stopped and took out the silver Put-Outer. He clicked it once and twelve balls of light sped back to their street lamps so that Privet Drive glowed suddenly orange and he could make out a tabby cat slinking around the corner at the other end of the street. He could just see the bundle of blankets on the step of number four.

'Good luck, Harry,' he murmured. He turned on his heel and with a swish of his cloak he was gone.

A breeze ruffled the neat hedges of Privet Drive, which lay silent and tidy under the inky sky, the very last place you would expect astonishing things to happen. Harry Potter rolled over inside his blankets without waking up. One small hand closed on the letter beside him and he slept on, not knowing he was special, not knowing he was famous, not knowing he would be woken in a few hours' time by Mrs Dursley's scream as she opened the front door to put out the milk bottles, nor that he would spend the next few weeks being prodded and pinched by his cousin Dudley ... he couldn't know that at this very moment, people meeting in secret all over the country were holding up their glasses and saying in hushed voices: 'To Harry Potter – the boy who lived!'

106 HARRY POTTER

out that grubby little package. Had that been what the thieves were looking for?

As Harry and Ron walked back to the castle for dinner, their pockets weighed down with rock cakes they'd been too polite to refuse, Harry thought that none of the lessons he'd had so far had given him as much to think about as tea with Hagrid. Had Hagrid collected that package just in time? Where was it now? And did Hagrid know something about Snape that he didn't want to tell Harry?

Harry Potter à l'école des sorciers,
illustré et annoté par J.K. Rowling
(2013)

COLLECTION PRIVÉE

Les plans de L'Ordre du Phénix

Les plans ci-dessous montrent la complexité des intrigues et la façon dont l'auteur les a entrelacées. J.K. Rowling a planifié son travail avec ce type de tableaux. Ils comportent les titres et l'ordre des chapitres, qui ont parfois changé en cours de route.

« Ces plans datent de 2001-2002. Au moment où j'ai terminé le premier tome, j'avais déjà écrit l'intrigue générale du reste de la série. Je savais à peu près qui allait mourir et où, et aussi que l'apothéose serait la bataille de Poudlard. »

J. K. Rowling, 2017

Plans pour Harry Potter et l'Ordre du Phénix, *par J.K. Rowling*

J. K. ROWLING

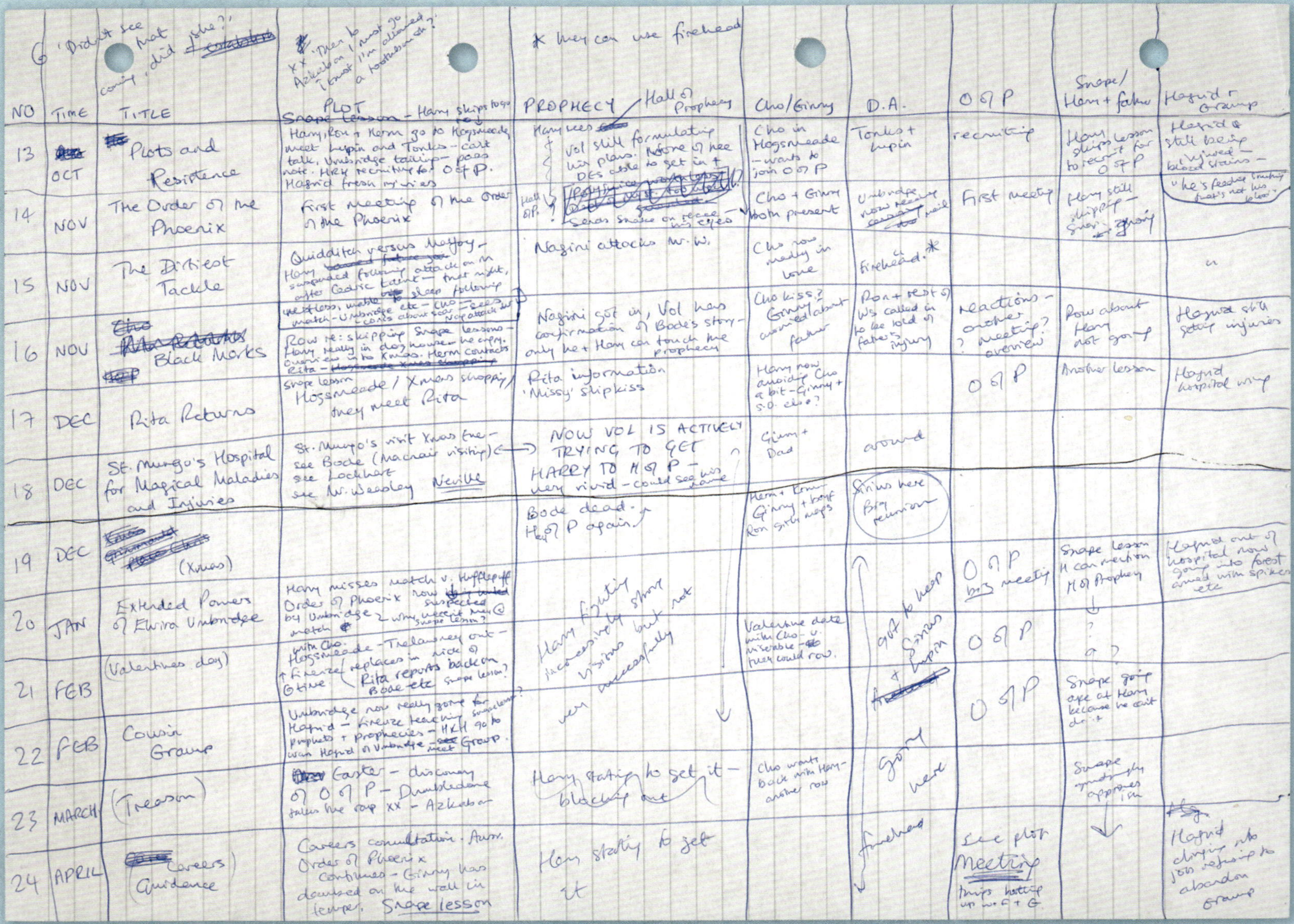

6 'Didn't see that coming, did she?!'

XX 'Then to must go Azkaban I must I'm allowed I know a toothless sh?!'

* they can use firehead

NO	TIME	TITLE	PLOT	PROPHECY / Hall of Prophecy	Cho/Ginny	D.A.	O of P	Snape/Harry + father	Hagrid + Grawp
13	OCT	Plots and Resistence	Snape lesson – Harry skips to go / Harry, Ron + Herm go to Hogsmeade meet Lupin and Tonks – can't talk, Umbridge tailing – pass note. HRH recruiting for O of P. Hagrid fresh injuries	Harry sees / Vol still formulating his plans. None of hee [illegible] able to get in + DES able to get in	Cho in Hogsmeade – wants to join O of P	Tonks + Lupin	recruiting	Harry skips lesson to recruit for O of P	Hagrid still being injured – blood stains – "he's feeding something that's not his blood"
14	NOV	The Order of the Phoenix	First meeting of the Order of the Phoenix	Hall of P. ? Sees snake on recce his eyes	Cho + Ginny both present	Umbridge now [illegible] nail	First meeting	Harry still skipping – Snape [illegible]	
15	NOV	The Dirtiest Tackle	Quidditch versus Malfoy – Harry suspended following attack on M after Cedric taunt – that night, unable to sleep following wetless, unable etc – Cho – sees match – Umbridge – cons about scar – Nagini attack	Nagini attacks Mr. W.	Cho now madly in love	"Firehead." *			"
16	NOV	Black Marks	Row re: skipping Snape lessons – Harry really in dog house – he cry. Overview into Xmas. Herm contacts Rita –	Nagini got in, Vol has confirmation of Bode's story – only he + Harry can touch the prophecy	Cho kiss? Ginny worried about father	Ron + rest of Ws called in to be told of father's injury	reactions – another meeting? ? overview	Row about Harry not going	Hagrid still getting injuries
17	DEC	Rita Returns	Snape lesson / Hogsmeade / Xmas shopping / they meet Rita	Rita information 'Missy' slipkiss	Harry now avoiding Cho a bit – Ginny + s.o. else?		O of P	Another lesson	Hagrid hospital wing
18	DEC	St. Mungo's Hospital for Magical Maladies and Injuries	St. Mungo's visit Xmas Eve – see Bode (Macnair visiting) see Lockhart see Mr. Weasley Neville	NOW VOL IS ACTIVELY TRYING TO GET HARRY TO H of P – very vivid – could see his name	Ginny + Dad	around			
19	DEC	(Xmas)		Bode dead. – H of P again	Herm + Krum Ginny + boyf Ron gets neys	Sirius here Big reunion			
20	JAN	Extended Powers of Elvira Umbridge	Harry misses match v. Hufflepuff Order of Phoenix now suspected by Umbridge ? why weren't they @ match ? Snape lesson?	Harry fighting increasingly short visions but not very successfully		got to keep Sirius + Lupin	O of P big meeting	Snape lesson H connection H of Prophecy	Hagrid out of hospital now going into forest armed with spikes etc
21	FEB	(Valentines day)	with Cho. Hogsmeade – Trelawney out – Firenze replaces in nick of time – Rita reports back on Bode etc Snape lesson?		Valentine date with Cho – v. miserable – they could row.		O of P	? ? ?	
22	FEB	Cousin Grawp	Umbridge now really gone for Hagrid – Firenze teaching prophets + prophecies – HRH go to warn Hagrid of Umbridge – meet Grawp. Snape lesson?			going	O of P	Snape going ape at Harry because he can't do it	
23	MARCH	(Treason)	Easter – discovery of O of P – Dumbledore takes the rap XX – Azkaban	Harry starting to get it – blacking out	Cho wants back with Harry – another row	well		Snape grudgingly approves	
24	APRIL	Careers Guidance	Careers consultation. Aurr. Order of Phoenix continues – Ginny has dashed on the wall in temper. Snape lesson	Harry starting to get it		firehead	See plot Meeting things hotting up w. F + G		Hagrid clinging to job refusing to abandon Grawp

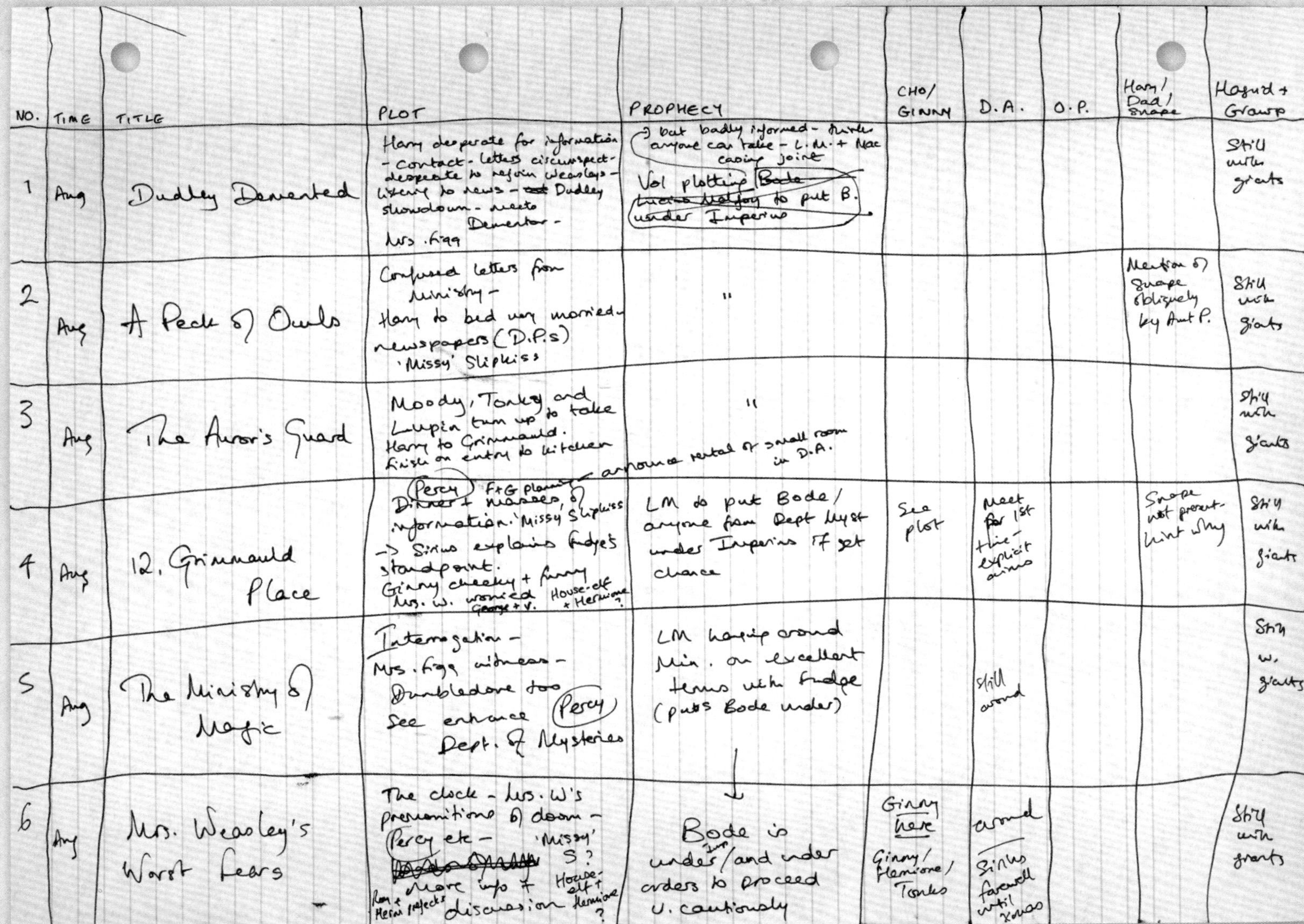

NO.	TIME	TITLE	PLOT	PROPHECY	CHO/GINNY	D.A.	O.P.	Harry/Dad/Snape	Hagrid + Grawp
1	Aug	Dudley Demented	Harry desperate for information – contact – letters circumspect – desperate to rejoin Weasleys – listening to news – Dudley showdown – meets Dementor – Mrs. Figg	→ but badly informed – anyone can take – L.M. + Mac joins / Vol plotting ~~Bode~~ ~~Lucius Malfoy~~ to put B. under Imperius					Still with giants
2	Aug	A Peck of Owls	Confused letters from Ministry – Harry to bed very worried – newspapers (D.P.s) 'Missy' Slipkiss	"				Mention of Snape obliquely by Aunt P.	Still with giants
3	Aug	The Auror's Guard	Moody, Tonks and Lupin turn up to take Harry to Grimmauld. Finish on entry to kitchen – announce rental of small room in D.A.	"					Still with giants
4	Aug	12, Grimmauld Place	(Percy) F+G planning / Dinner + masses of information. 'Missy' Slipkiss → Sirius explains Fudge's standpoint. Ginny cheeky + funny Mrs. W. worried George + F. House-elf + Hermione?	LM to put Bode/anyone from Dept Myst under Imperius if get chance	See plot	Meet for 1st time – explicit aims		Snape not present – hint why	Still with giants
5	Aug	The Ministry of Magic	Interrogation – Mrs. Figg witness – Dumbledore too – See entrance (Percy) Dept. of Mysteries	LM hanging around Min. on excellent terms with Fudge (puts Bode under)		Still around			Still w. giants
6	Aug	Mrs. Weasley's Worst Fears	The clock – Mrs. W's premonitions of doom – Percy etc – 'Missy' S? Ron + Herm prefects more info + discussion House-elf + Hermione?	↓ Bode is under 1st/and under orders to proceed v. cautiously	Ginny here / Ginny/Hermione/Tonks	around / Sirius farewell until Xmas			Still with giants

Les plans indiquent où se trouve chaque personnage aux diverses étapes du livre. Par exemple, Hagrid est avec les géants pendant les neuf premiers chapitres et Harry est au Département des mystères quand il réalise que c'est là que sont entreposées les prophéties. Dans ces tableaux, la société secrète d'élèves qui se retrouvent pour s'entraîner à combattre les forces du Mal s'appelle l'Ordre du Phénix (« OofP ») et la résistance officielle, formée d'un groupe de sorciers anti-magie noire, est baptisée l'armée de Dumbledore (« D.A. »).

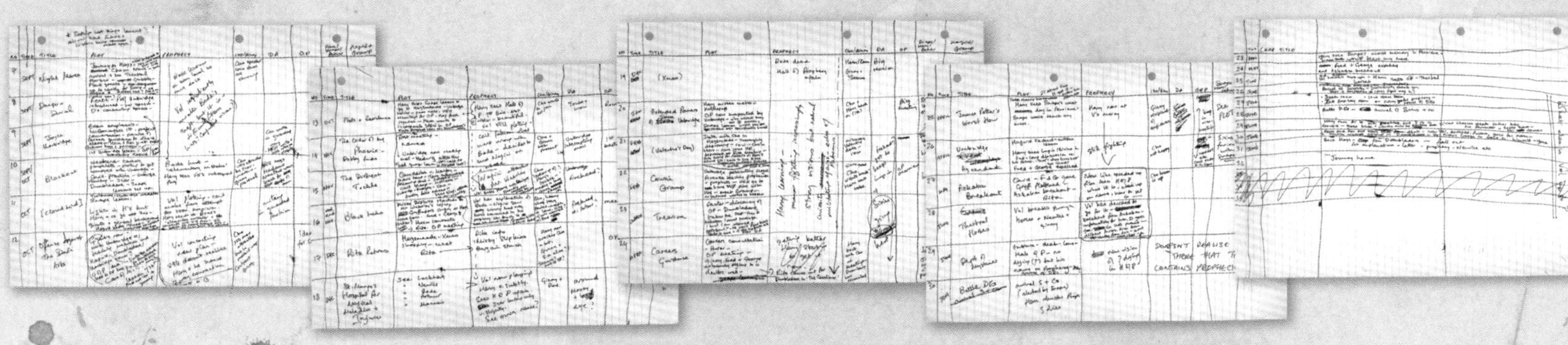

Les Contes de Beedle le Barde

« À Miss Hermione Jean Granger, je lègue mon exemplaire des Contes de Beedle le Barde *dans l'espoir qu'elle y trouvera de quoi se divertir et s'instruire. »*

Harry Potter et les Reliques de la Mort

En 2008, après la sortie du dernier tome de *Harry Potter*, *Les Contes de Beedle le Barde* sont publiés au profit de l'association caritative Lumos. Dans *Harry Potter et les Reliques de la Mort*, Dumbledore lègue son propre exemplaire, rédigé en runes, à Hermione. Il contient plusieurs contes de fées fréquemment racontés aux enfants sorciers.

Cet exemplaire a été écrit à la main par J.K. Rowling, puis relié en cuir. La couverture est ornée de pierres précieuses à la signification particulière. Il contient également quelques petites illustrations de l'auteur, comme la souche d'arbre de *Babbitty Lapina et la souche qui gloussait*.

Les Contes de Beedle le Barde,
par J.K. Rowling
COLLECTION PRIVÉE

Babbitty Rabbitty
and her Cackling Stump
A long time ago, in a far off land, there lived a foolish King. He decided that he alone should have the power of magic.
The Tales of Beedle the Bard
translated from the original runes
by

Le Sorcier au cœur velu

Voici un brouillon manuscrit du *Sorcier au cœur velu*, l'un des quatre récits imaginés par J.K. Rowling pour accompagner le *Conte des trois frères* dans *Les Contes de Beedle le Barde*.

Ce brouillon dessine l'intrigue et le nœud de l'histoire, qui sera davantage développée dans sa version finale : un sorcier tente d'utiliser la magie noire pour échapper à la vulnérabilité humaine. Parce qu'il rejette ses sentiments et se prive d'amour, son cœur devient « sauvage » et le conduit à une fin tragique.

Le saviez-vous ?

Le *Conte des trois frères* fait partie des *Contes de Beedle le Barde*. Il raconte l'histoire de trois hommes qui tentent de se montrer plus malins que la Mort grâce à trois objets magiques, les Reliques de la Mort. Harry et ses amis découvrent que ces objets, à l'existence longuement débattue, existent bel et bien !

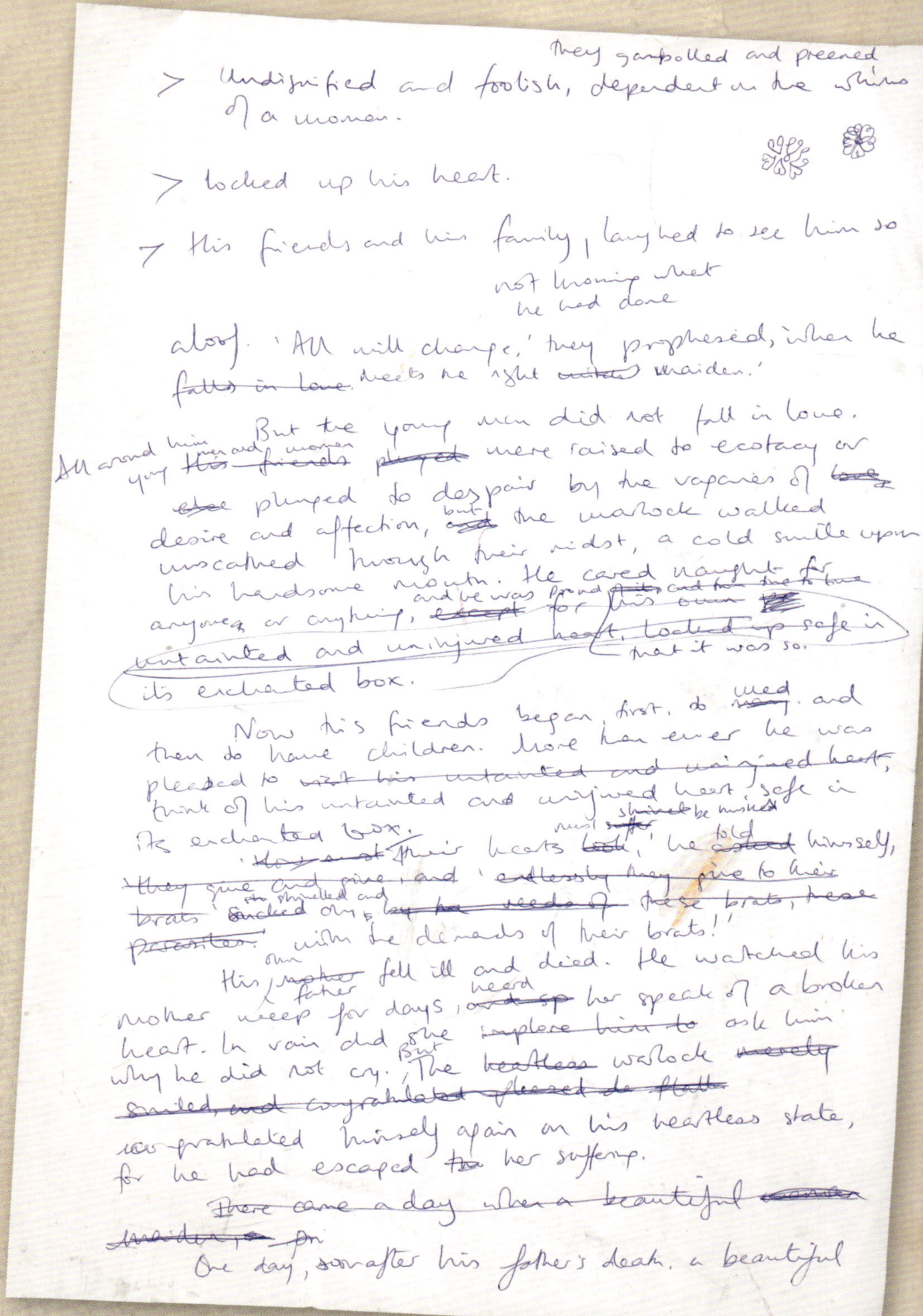

they gambolled and preened
> Undignified and foolish, dependent on the whims of a woman.

> locked up his heart.

> His friends and his family, laughed to see him so aloof. not knowing what he had done
'All will change,' they prophesied, when he ~~falls in love~~ meets the right ~~witch~~ maiden.'

But the young man did not fall in love. All around him young ~~his friends~~ men and women ~~plunged~~ were raised to ecstacy or ~~else~~ plunged to despair by the vagaries of ~~love~~ desire and affection, ~~and~~ but the warlock walked unscathed through their midst, a cold smile upon his handsome mouth. He cared naught for anyone or anything, ~~except~~ and he was proud for ~~his own~~ untainted and uninjured heart, ~~locked up~~ safe in its enchanted box. that it was so.

Now his friends began, first, to wed and then to have children. More than ever he was pleased to ~~...~~ think of his untainted and uninjured heart, safe in its enchanted box.
'Their hearts must be mished,' he told himself, ~~'they give and give, and endlessly they give to their brats'~~ shrivelled and sucked dry ~~by the needs of these brats, these parasites~~ with the demands of their brats!'

His own ~~mother~~ father fell ill and died. He watched his mother weep for days, heard her speak of a broken heart. In vain did she ~~implore him to~~ ask him why he did not cry. But the ~~heartless~~ warlock ~~merely~~ ~~smiled, and congratulated pleased to flatt~~ congratulated himself again on his heartless state, for he had escaped ~~to~~ her suffering.

~~There came a day when a beautiful maiden~~

One day, soon after his father's death, a beautiful

Mais le cœur velu était plus fort que lui
et refusait d'abandonner l'emprise qu'il avait à présent sur ses sens,
ou de retrouver le cercueil dans lequel il avait été si longtemps enfermé.

Les Contes de Beedle le Barde

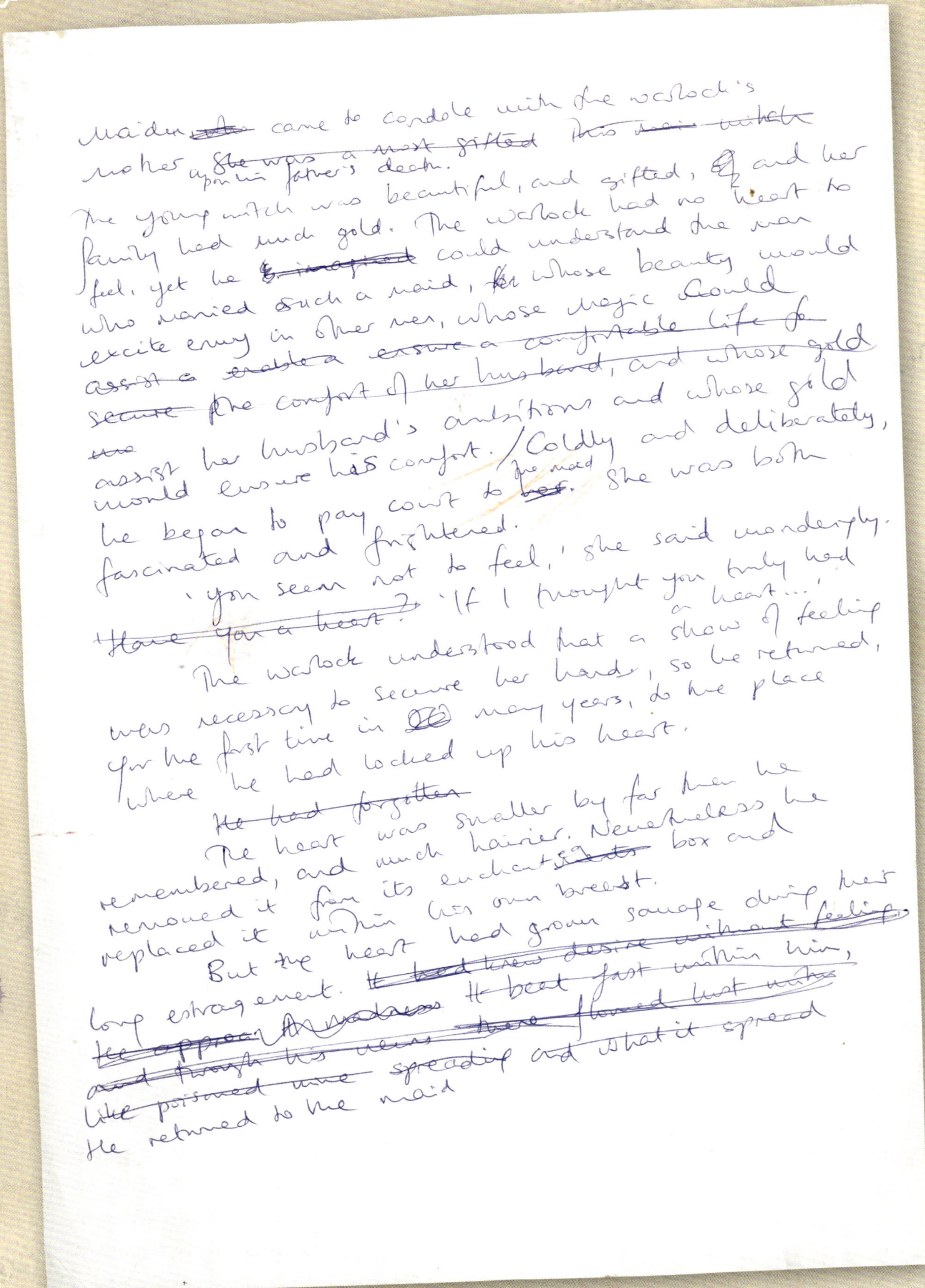
Maiden ~~she~~ came to condole with the warlock's
mother ~~She was a most gifted~~ ~~This ... witch~~ upon his father's death.
The young witch was beautiful, and gifted, and her
family had much gold. The warlock had no heart to
feel, yet he ~~was inspired~~ could understand the man
who married such a maid, ~~for~~ whose beauty would
excite envy in other men, whose magic could
~~assist a~~ ~~enable a~~ ~~ensure a comfortable life for~~
~~secure~~ ~~the comfort of her husband, and whose gold~~
~~the~~
assist her husband's ambitions and whose gold
would ensure his comfort. / Coldly and deliberately,
he began to pay court to ~~her~~ the maid. She was both
fascinated and frightened.
'You seem not to feel,' she said wonderingly.
~~'Have you a heart?'~~ 'If I thought you truly had a heart...'
The warlock understood that a show of feeling
was necessary to secure her hand, so he returned,
for the first time in ~~[illegible]~~ many years, to the place
where he had locked up his heart.
~~He had forgotten~~
The heart was smaller by far than he
remembered, and much hairier. Nevertheless he
removed it from its enchanted box and
replaced it within his own breast.
But the heart had grown savage during its
long estrangement. ~~It had knew desire without feeling~~ ~~It beat fast within him,~~
~~like opposed~~ ~~A madness~~ ~~here flowed lust within~~
~~and through his veins~~ ~~spreading~~ and what it spread
~~like poisoned wine~~
He returned to the maid

Brouillon du Sorcier au cœur velu, *par J.K. Rowling*

J.K. ROWLING

MAQUETTE DE DÉCOR DE *HARRY POTTER ET L'ENFANT MAUDIT*

Harry Potter and the Cursed Child *au Palace Theatre, Londres*

HARRY POTTER AND THE CURSED CHILD, PRODUIT PAR SONIA FRIEDMAN PRODUCTIONS, COLIN CALLENDER ET HARRY POTTER THEATRICAL PRODUCTIONS

EN JUILLET 2016 a eu lieu la première représentation de *Harry Potter et l'enfant maudit*, au Palace Theatre à Londres. La pièce a été imaginée par J. K. Rowling, Jack Thorne et John Tiffany, le metteur en scène. Elle a reçu, entre autres récompenses, un Olivier (le Molière anglais) pour le meilleur décor.
La maquette ici présentée, imaginée par Christine Jones, dévoile un décor évocateur et polyvalent, en parfaite symbiose avec la magie du spectacle qu'il accueille. Les maquettes de décor permettent à l'équipe de planifier chaque détail de la mise en scène, afin que le monde enchanté de Harry Potter prenne vie sous les yeux des spectateurs.

Maquette de décor conçue par Christine Jones avec l'aide de Brett J. Banakis, et réalisée par Mary Hamrick, Amelia Cook, A Ram Kim, Amy Rubin et Kyle Hill

Les Animaux fantastiques

Les Animaux fantastiques, vie et habitat a d'abord été publié en 2001, signé par Norbert Dragonneau, au profit de l'association Comic Relief. Les quatre illustrations ci-contre sont l'œuvre d'Olivia Lomenech Gill. Elles sont extraites de l'édition illustrée du livre parue en 2017 et représentent des créatures décrites par Norbert. Le Snallygaster est un animal mi-oiseau mi-serpent avec des ailes immenses, un long bec acéré et des griffes féroces. Le Grapcorne est une créature agressive avec un dos massif et bossu, deux cornes et des pieds à quatre doigts. Le Hodag a la taille d'un gros chien et possède des cornes, des yeux rouges luisants et de longs crocs. L'hippogriffe a la tête d'un aigle géant et le corps d'un cheval et peut être apprivoisé – quoique seuls les spécialistes puissent s'y risquer !

Le Snallygaster, par Olivia Lomenech Gill

BLOOMSBURY

Le Grapcorne, par Olivia Lomenech Gill

BLOOMSBURY

Le Hodag, par Olivia Lomenech Gill

BLOOMSBURY

Le scénario des *Animaux fantastiques*

Sorti en 2016, *Les Animaux fantastiques* est le premier film à explorer une nouvelle époque du Monde des Sorciers. Ci-contre, une page du scénario annotée à la main par J.K. Rowling.

Il s'agit du premier scénario écrit par la romancière. L'écriture d'un film est très différente de celle d'un livre : c'est un processus beaucoup plus collaboratif, où des corrections sont apportées à presque toutes les étapes du tournage. Le réalisateur, David Yates, raconte que J.K. Rowling a fait preuve d'une imagination sans limites, réécrivant, réinventant et ajoutant sans cesse des détails époustouflants à ses personnages et à son univers. Cette version provisoire du scénario est le squelette à partir duquel ont été développés le film et l'univers de Norbert Dragonneau.

L'hippogriffe,
par Olivia Lomenech Gill

BLOOMSBURY

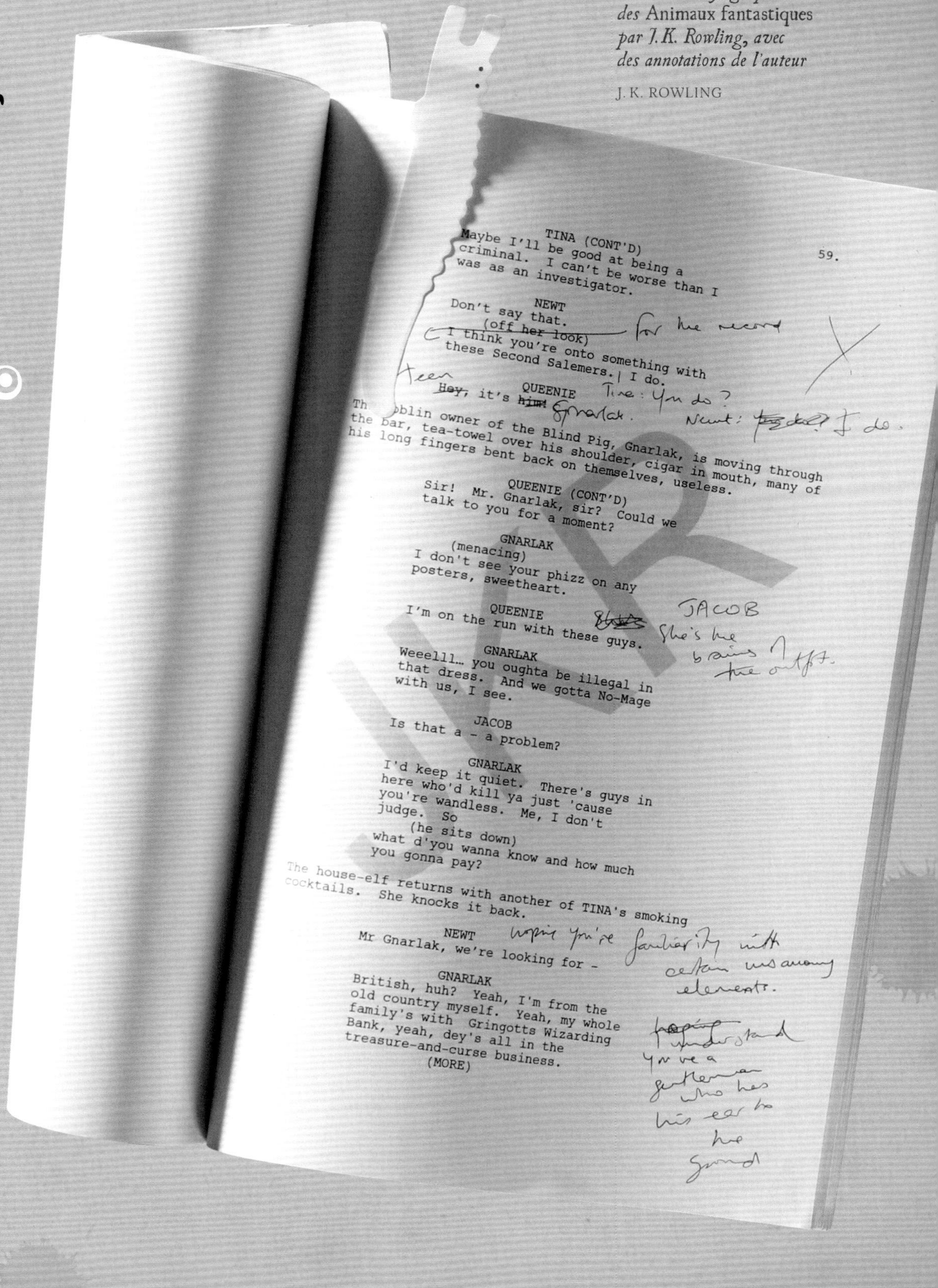

59.

TINA (CONT'D)
Maybe I'll be good at being a criminal. I can't be worse than I was as an investigator.

NEWT
Don't say that.
(off her look)
I think you're onto something with these Second Salemers. I do.

QUEENIE
Hey, it's him!

The goblin owner of the Blind Pig, Gnarlak, is moving through the bar, tea-towel over his shoulder, cigar in mouth, many of his long fingers bent back on themselves, useless.

QUEENIE (CONT'D)
Sir! Mr. Gnarlak, sir? Could we talk to you for a moment?

GNARLAK
(menacing)
I don't see your phizz on any posters, sweetheart.

QUEENIE
I'm on the run with these guys.

GNARLAK
Weeelll… you oughta be illegal in that dress. And we gotta No-Mage with us, I see.

JACOB
Is that a - a problem?

GNARLAK
I'd keep it quiet. There's guys in here who'd kill ya just 'cause you're wandless. Me, I don't judge. So
(he sits down)
what d'you wanna know and how much you gonna pay?

The house-elf returns with another of TINA's smoking cocktails. She knocks it back.

NEWT
Mr Gnarlak, we're looking for -

GNARLAK
British, huh? Yeah, I'm from the old country myself. Yeah, my whole family's with Gringotts Wizarding Bank, yeah, dey's all in the treasure-and-curse business.
(MORE)

Scénario dactylographié des Animaux fantastiques *par J.K. Rowling, avec des annotations de l'auteur*

J.K. ROWLING

Un jeune garçon à l'École des sorciers

Steve Kloves

Steve Kloves est un scénariste et réalisateur américain. Outre l'adaptation pour le cinéma des sept films *Harry Potter*, il a été le scénariste de *Wonder Boys* et *Les Moissons du printemps* et le scénariste-réalisateur de *Flesh and Bone* et *Susie et les Baker Boys*.

Il nous raconte ici sa première rencontre avec le texte de *Harry Potter à l'école des sorciers* – point de départ d'une incroyable épopée tant pour le scénariste que pour les nombreux admirateurs de la saga.

Il y a vingt ans – c'est fou de penser que c'était il y a si longtemps et, en même temps, il est vrai que ça paraît remonter à une éternité ! –, j'ai reçu une enveloppe, adressée par mon agence littéraire. Elle contenait cinq à six synopsis de romans qui, en théorie, pouvaient donner matière à des films. Nous autres, scénaristes, avons l'habitude de ce genre d'enveloppe. On en reçoit régulièrement et, systématiquement, je les ignore.

Mais sans savoir pourquoi – et aujourd'hui encore je ne sais pas – j'ai décidé d'ouvrir cette enveloppe-là.

J'ai rapidement parcouru son contenu, passant d'un texte à l'autre, pas du tout convaincu, puis je suis arrivé au dernier synopsis. Il parlait d'un livre au titre farfelu, écrit par un auteur dont je n'avais jamais entendu parler.

HARRY POTTER À L'ÉCOLE DES SORCIERS, DE J.K. ROWLING

Le titre était indéniablement très imaginatif, de même que le nom de l'auteur, mais je n'étais toujours pas convaincu. Et puis je suis tombé sur la *log line*. Pour ceux qui ne le savent pas – et c'est bien normal –, une *log line* est un très court résumé du livre, un synopsis de synopsis, idéalement rédigé en une seule phrase. La *log line* est plus proche du slogan publicitaire que de la grande littérature. Elle permet aux scénaristes très occupés (autrement dit, paresseux) de séparer rapidement le bon grain de l'ivraie. Par exemple, si on lit : « Deux adolescents ouvrent une agence de détectives sur la lune », on sait qu'on peut s'arrêter là (à moins, bien sûr, de penser réellement qu'un film qui parle de deux adolescents ouvrant une agence de détectives sur la lune est une bonne idée). Bref, la *log line* de ce synopsis était :

Un jeune garçon va dans une école de sorcellerie

À l'époque, généralement, ce genre de chose ne m'intriguait pas franchement. Je n'étais pas vraiment fan de fantasy. Moi, je préfère Raymond Carver à Tolkien. Mais j'ai relu la *log line* :

Un jeune garçon va dans une école de sorcellerie.

Cinq minutes plus tard, j'arrive dans la librairie située dans la même rue que mon bureau et je demande à la vendeuse si elle a entendu parler d'un livre qui s'appelle *Harry Potter à l'école des sorciers*. Elle fronce les sourcils et me dit : « Si on l'a, il est au rayon romans étrangers. » Elle m'y emmène (le rayon en question se résume à deux petites rangées), sort un fin volume et me le tend.

Même si j'en suis venu plus tard à l'apprécier, l'illustration de couverture, sur laquelle Harry, distrait (et qui semble avoir l'âge d'aller à la fac), paraît sur le point de se faire écraser par le Poudlard Express, ne m'a pas l'air vraiment prometteuse. Au mieux, c'est un banal livre pour enfants... Et puis j'ouvre l'ouvrage à la première page :

Mr et Mrs Dursley, qui habitaient au 4, Privet Drive, avaient toujours affirmé avec la plus grande fierté qu'ils étaient parfaitement normaux, merci pour eux.

Je me suis arrêté. J'ai cligné des yeux. J'ai relu la phrase. J'ai refermé le livre, payé la vendeuse, et cinq minutes plus tard, de retour à mon bureau, j'ai relu cette phrase pour la troisième fois. Et j'ai continué ma lecture, pendant le déjeuner, puis dans l'après-midi, en ne m'arrêtant qu'une seule fois, au bout de trente pages à peu près, pour appeler mon agent.

« Je crois que j'ai trouvé mon prochain projet. Ça s'appelle *Harry Potter à l'école des sorciers.* »

Un silence. « Redis-le ? »

« Ça parle d'un garçon qui va dans une école de sorcellerie. »

Un silence encore. Et puis... rien.

« Je suis sérieux. C'est vraiment bon. C'est mieux que bon. C'est spécial. Et si ça le reste, je veux le faire. »

Je me contenterai de dire que ce jour-là, tandis que je plongeais tête la première dans ce livre merveilleusement étrange au titre farfelu, et que la lumière faiblissait par les fenêtres de ce bureau que je ne possède plus, je n'aurais jamais imaginé que je m'apprêtais à entreprendre un périple aussi exceptionnel. Je ne suis que l'un des innombrables passagers dans le monde à avoir pris place dans ce voyage – tous, nous sommes tombés sous le charme de cet auteur inconnu, J. K. Rowling, un charme qui, vingt ans plus tard, est plus puissant que jamais.

Oui, c'était un livre spécial. À l'époque comme aujourd'hui, et pour toujours.

L'exposition *Harry Potter: A History of Magic*

En 2017, la British Library a fêté les vingt ans de *Harry Potter à l'école des sorciers* avec une grande exposition inspirée de la magie des livres de la série.

Des illustrations médiévales de dragons et de griffons aux origines de la pierre philosophale en passant par le prodigieux parchemin de Ripley, *Harry Potter: A History of Magic* décrit les traditions populaires et magiques qui sont au cœur de la saga *Harry Potter*.

Dévoilant un ensemble extraordinaire de livres, manuscrits et objets de sorcellerie, l'exposition mêle les trésors centenaires de la British Library à des documents incroyables et inédits tirés des archives de Bloomsbury, l'éditeur de *Harry Potter*, et de J. K. Rowling elle-même.

Les pièces présentées, sélectionnées avec soin par les experts de la British Library, racontent plusieurs milliers d'années de récits et de traditions magiques. Une belle façon de marquer le vingtième anniversaire du roman *Harry Potter à l'école des sorciers* !

Les conservateurs de la British Library

Julian Harrison est un expert en manuscrits du Moyen Âge et de l'époque moderne. Il contribue à la gestion de documents tels que la *Magna Carta* et la collection de manuscrits anglo-saxons de la British Library. Son objet préféré dans l'exposition : le parchemin de Ripley, qui explique comment fabriquer la célèbre pierre philosophale.

Alexander Lock est en charge des archives et manuscrits modernes. Bien que la majorité de ses collections soient écrites sur du papier ou du parchemin, il est également responsable d'objets plus insolites tels que les lunettes d'un célèbre écrivain, les cendres d'un poète et les gants d'un tsar ! Son objet préféré dans l'exposition : le livre *Des sorcières et des devineresses* d'Ulrich Molitor, car il contient quelques-unes des premières illustrations de sorcellerie.

Tanya Kirk est conservatrice de livres rares : à la British Library, elle s'occupe des livres publiés il y a quatre siècles ! Son objet préféré dans l'exposition : un fascicule de 1680 intitulé *A Brief Description of the Nature of the Basilisk* (« Brève description des caractéristiques du basilic »), dans lequel la terrifiante créature ne fait, bizarrement, pas peur du tout !

Joanna Norledge est l'une des expertes en archives et manuscrits littéraires contemporains. Elle est en charge des lettres, journaux intimes et brouillons manuscrits des écrivains – par exemple, les lettres de T. S. Eliot contenant les poèmes originaux d'*Old Possum's Book of Practical Cats (Le Guide des chats du Vieil Opossum)*. Son objet préféré dans l'exposition : tout ce que J. K. Rowling a écrit de sa main, car c'est ce qui a donné vie au monde de Harry Potter.

À propos de J.K. Rowling

Le 26 juin 1997 paraissait *Harry Potter à l'école des sorciers*. Traduits en 79 langues et publiés dans 200 pays dont la France, en 1998, les sept romans *Harry Potter* sont l'une des séries les plus vendues au monde – 450 millions d'exemplaires à ce jour ! En 2001, J. K. Rowling a été nommée officier de l'Ordre de l'Empire britannique pour sa contribution à la littérature jeunesse. Depuis la publication de la série *Harry Potter*, elle a continué à écrire et a mené à bien de nombreux projets.

« Je suis toujours en train de travailler sur un roman. »

J. K. ROWLING

Son premier roman pour adultes, *Une place à prendre*, est sorti en 2012. J. K. Rowling écrit également des romans policiers sous le pseudonyme de Robert Galbraith. Pottermore a été lancé en 2012 : ce site web publie des contenus numériques consacrés au monde magique. Les fans s'y régalent d'actualités et de détails sur le Monde des Sorciers !

J. K. Rowling a fondé une ONG, Lumos, qui œuvre pour mettre fin au placement des enfants en institution et pour s'assurer que tous grandissent dans un environnement sain et bienveillant. En 2007, l'un des exemplaires des *Contes de Beedle le Barde* écrits à la main par l'auteur a été vendu aux enchères pour un montant de 1,95 million de livres sterling reversé à l'ONG.

J. K. Rowling soutient plusieurs autres associations caritatives par le biais de la fondation Volant. Elle soutient également la recherche sur la sclérose en plaques au travers de la clinique de neurologie régénérative Anne Rowling, nommée ainsi en hommage à sa mère.

En 2016, l'association PEN a décerné un prix à J. K. Rowling pour son travail qui incarne la mission de l'association, à savoir lutter contre la répression sous toutes ses formes et promouvoir le meilleur de l'humanité.

« Conteuse hors-pair, farouche opposante à la censure, défenseuse des droits des femmes et des filles et ardente combattante pour l'accès à l'éducation, J. K. Rowling utilise tous les moyens à sa disposition afin de créer un monde meilleur et plus juste pour nos enfants. »

ANDREW SOLOMON, PRÉSIDENT DE PEN AMERICA

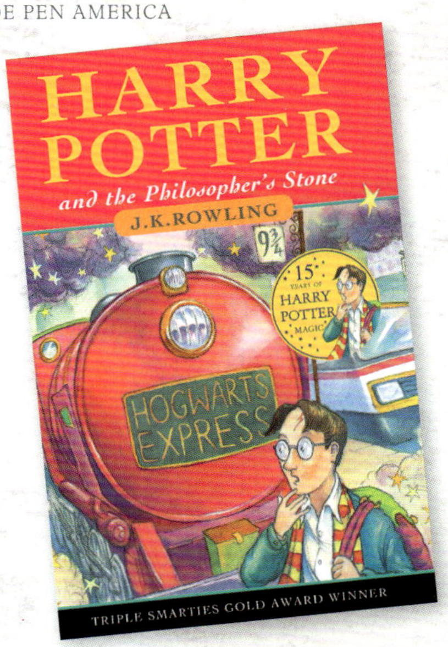

En 2016, pour la plus grande joie des fans de Harry Potter, la pièce *Harry Potter et l'enfant maudit*, créée par J. K. Rowling, Jack Thorne et John Tiffany, a été jouée à Londres pour la première fois. Cette même année est sorti le premier volet des *Animaux fantastiques*, qui marque les débuts cinématographiques de J. K. Rowling et plonge les spectateurs dans une nouvelle époque du Monde des Sorciers !

Remerciements à…

J.K. Rowling pour la mise à disposition des objets de sa collection personnelle.
Jim Kay et Olivia Lomenech Gill pour nous avoir autorisés à reproduire leurs œuvres.

Contributeurs : Claire Grace, Gill Arbuthnott
Mandy Archer de 38a The Shop
Stephanie Amster, Mary Berry, Isabel Ford, Saskia Gwinn et Bronwyn O'Reilly de Bloomsbury Publishing
Robert Davies, Abbie Day et Sally Nicholls de British Library Publishing
Ross Fraser de The Blair Partnership

Conception : Sally Griffin
Conception de couverture : James Fraser

Crédits iconographiques

7	© Alice Newton-Rex
20	© Science Museum/Science & Society Picture Library
22	Science Museum/Wellcome Images
24	© The Trustees of the British Museum
29	Photo © RMN-Grand Palais (Musée de Cluny – Musée national du Moyen Âge)/Gérard Blot
33	Birmingham Museum & Art Gallery (gauche)
39	© Science Museum/Science & Society Picture Library
47	The Museum of Witchcraft and Magic, Boscastle, Cornouailles
58	The Museum of Witchcraft and Magic, Boscastle, Cornouailles
69	© The Trustees of the British Museum (haut)
77	The Museum of Witchcraft and Magic, Boscastle, Cornouailles
78	The Museum of Witchcraft and Magic, Boscastle, Cornouailles. Photo © Sara Hannant
79	The Museum of Witchcraft and Magic, Boscastle, Cornouailles (gauche)
82-83	© The Trustees of the British Museum
84	The Museum of Witchcraft and Magic, Boscastle, Cornouailles. Photo © Sara Hannant
86	The Museum of Witchcraft and Magic, Boscastle, Cornouailles (gauche)
95	© Tate, Londres 2017
96	The Museum of Witchcraft and Magic, Boscastle, Cornouailles
130-131	Collection privée. Photo Courtesy Sotheby's
134	Salle de répétition et photographie de production par Manual Harlan
134	Photographie de maquette par Brett J. Banakis
139	Photographie par www.studio68b.com
142	Photographie par Tony Antoniou (bas)
143	Photographie par Debra Hurford Brown © J.K. Rowling 2014

8-9, 13, 30-31, 32, 38, 50, 51, 52, 56, 63, 90-93, 94, 105, 106-109, 112-113, 116, 126-127, 128-129, 132-133, 139 © J.K. Rowling